幸福文化

幸福文化

成熟大人都重視的50個表達細節

一開口，就讓人有好感

朴根一 Park Kuen -Il——著　蕭瑋婷——譯

호감 가는 사람은 말투가 다르다 관계와 인생이 풀리는 긍정적인 말 습관

前言　所有結果，取決於說話方式　009

第1章
避開10個地雷，瞬間改變氛圍

1 「不是啊～」的口頭禪，會讓人開啟心理防衛　015
2 自認心直口快，不能合理化冒犯他人的事實　019
3 輕蔑的語氣，就是一種「煤氣燈效應」　023
4 命令式口吻，常是惡化關係的主因　027
5 當抱怨成為習慣，難怪旁人好想逃　031
6 總說「做不到」，就是在催眠大腦放棄　035

7 貶低自己，並不能解決任何問題 040
8 光是羨慕嫉妒，只會陷入更深的挫折 044
9 越說消極的話，就越會提不起勁 048
10 過度焦慮未來，當心被不安感吞噬 052

第2章 刻意練習10件事，讓連結形成深度關係

1 創造好印象，是建立正向關係的第一步 059
2 比起內容，要留意更容易被記得的語氣、聲調 063
3 讓人感覺被認可，會強化他的內在動機 066
4 讓簡單感謝發揮超大力量，得掌握3要素 069
5 向星巴克學習！創造好結局的思維方式 073

第3章

好感度UP！贏得人心的人都重視這些細節

6 提供「心理安全感」，拉近彼此的距離 077
7 善用幽默感，潤滑人際關係 081
8 這樣「指名道姓」，瞬間提升親密度 085
9 回應積極，對話就成功了一半 090
10 讓別人好好説完，就是一種了不起的尊重 094
最高竿的溝通，就是讓每個人都成為贏家 101
傳達「核心訊息」，避免對話偏離 104
先求理解，再求被理解 108
禮貌多不嫌怪，更能營造好關係 111

第4章 體貼他人、讓溝通更有效率的技巧

比起指責，「我訊息」才能讓問題聚焦 114
暴怒時，最好先停格15秒 118
道歉不是軟弱，而是修復裂痕的成熟作為 121
由衷的稱讚，會造就良性循環的互動 125
提出請求時，態度和內容一樣重要 133
表達3關鍵，讓聽者提高30%的理解力 141
簡單、直觀、說重點，就能強化訊息 145
柔和好過嗆辣，更能推進關係 149
回饋得具體、實用，才能真正激勵成長 153

言行明確一致，自然慢慢累積信任 158
留意說話的「黃金時間」，使效果最大化 162
正向暗示，真的會帶來成功 165
成功說服唯一法則：從他人的角度看問題 170
比起道理，說故事更容易引起共鳴 173
就算要拒絕，也能展現善意 177

第 5 章 經營好關係，從認同自己開始練習

怎麼向自己喊話，就怎麼看待自己 183
越說做得到，就越可能做得到 187
告訴自己「沒關係」，是認可自己的起點 191

接納挫敗的事實，下次一定會更好 195
練習感謝自己，放大正向情緒 199
擁抱改變，就是給自己成長的機會 203
人只有在覺得自己重要時，才能發展得最好 206
放過自己，從錯誤中找到意義更重要 210
比昨天的自己更進步一點，就足夠了 214
盡力做到最好，但不要苛求完美 217

前言
所有結果，取決於說話方式

我們身邊有些人會散發一種令人難以抗拒的魅力。他們說話不見得漂亮，也不一定合乎邏輯；然而，他們說的每句話卻讓人感到溫暖，會想與他們繼續交談。其中的祕密在於——**說話的方式**。

這些人的說話方式溫柔且真誠，給聽者一種信任、安心的感覺。他們的魅力不僅在於用詞的選擇，更在於表達的方式。柔和且溫暖的語氣，能增添說話的感染力，給對方留下深刻的印象。**好的說話方式，能展現對聽者的體貼，引起對方共鳴，讓彼此關係更加牢固**。

作為一名作家，我需要與人交談；作為一名教授和講師，我需要與學生溝通；作為一名親職教育專家，我需要與無數人對話。在這過程中，我意識到——**說話的**

方式比說話的內容更加重要。同樣的一句話，可能會引起對方共鳴，也可能會傷害對方的心，一切取決於表達方式。

藉由品德教育和勵志講座時接觸到的大量案例可以證實，說話的方式不僅僅只是傳達訊息，還是改變關係的重要工具。倘若說話的內容是一根堅固的柱子，那麼說話的方式，就像是讓這根柱子顯得「溫暖」的美麗雕刻。

此一論點已在許多心理學研究得到支持。心理學家丹尼爾·高曼（Daniel Goleman）在「情緒智商」（EQ）理論中強調了認知和調節情緒，以及處理與他人關係的能力，是決定人際關係是否成功的關鍵。說話的方式除了傳達訊息，更是傳達情感的重要媒介，對於獲得對方信任和引發共鳴，有著相當大的影響。

此外，心理學家約翰·高特曼（John Gottman）的研究指出，積極互動與消極互動的比例，對於決定一段關係的品質非常重要。他的研究結果發現，積極互動可以降低對方的防衛心理，使得對話更有可能朝著合作的方向發展。這充分說明了，說話的方式是維持健康關係的重要工具。

「懂說話」是現代人的必備技能。無論是學生、上班族或是家長等，都想學習如何「好好說話」，但卻總是忽略了說話的方式。學習好好說話相對來說比較簡單，但說話的方式較容易改善，且能發揮更強大的效果。

本書探討了說話的方式如何影響我們的生活。**你是否曾在工作上因為無心的一句話而被誤解？是否曾在與家人的簡短交談之中，無意間傷害了對方卻不自知？然而，這些不適感往往來自於說話的方式，並非談話的內容**。

我也在說話的方式中，感受到了許多變化。身為作家，在寫作過程中不斷磨練文字和語氣的過程，讓我的生活每一瞬間都變得更加細膩。透過與學生的溝通交流，我了解到說話的方式，是讓自己開口時有自信的重要關鍵。透過演講和教練培訓課程，我領悟到——說話方式的微小變化，可以改變對方的態度，甚至人生。

本書蘊含了我透過研究和經驗所發現的說話方式帶來的力量，希望對你有所幫助。從今天開始，不但要留意說話的內容，也要注意說話的方式。說話方式的微小改變，可以為你的生活帶來巨大變化。現在起，就用說話方式改變人生吧。

「如果我這樣說話，對方會有什麼感受呢？」
光是養成這樣自問的習慣，帶來的結果就會大不同。

第 1 章

避開10個地雷，瞬間改變氛圍

地雷 1

「不是啊～」的口頭禪，會讓人開啟心理防衛

「不是啊，你先聽我說。」

與人交談時，這句話常在無意間脫口而出。聽者可能會因為這種不耐煩的語氣而感到難過，但說者往往沒有意識到這個問題。特別是，**「不是啊」這樣的字眼，會讓整個對話過程變得令人煩躁，並觸發對方的防禦機制**。

一位公司代表與客戶進行價格談判，他已經提出了最低利潤的報價，但對方卻要求更低的價格。這位公司代表瞬間忍不住怒火，說出了這樣的話。

「不是啊，這條件太離譜了吧？」

結果如何呢？對方公司的主管是有權決定合作夥伴的重要人物，他一聽到代表

不耐煩的語氣時，開啟了心理防衛機制，最終談判破裂。而之後那位代表只能以更不利的條件，重返談判桌。

不耐煩的語氣並非只是表達情緒而已。即使是無意的，也會讓對方留下負面印象，並使衝突加劇、關係惡化。那麼，為什麼我們會這麼容易不耐煩，又為什麼這種說話語氣會成為問題呢？

調整心態，就能改變談話氛圍

心理學家提出了「挫折攻擊假說[1]」（Frustration-Aggression Hypothesis，又稱挫折攻擊理論）來解釋此現象。當個人未能達到預期目標時，會感到挫折，而這種挫折會引發煩躁情緒，進而導致攻擊性行為的發生。

舉例來說，孩子考試考差了，卻對父母發脾氣說：「難道你們不知道我有多努力嗎？」或是因為塞車而遲到，卻對同行者說：「你看！所以我不是說要坐大眾交通工具嗎？！」我們內心的挫敗感，總是會無意識地投放在他人身上，損害彼此的關係。

心理學家丹尼爾．康納曼（Daniel Kahneman）用兩種思考系統解釋了這樣的不耐煩反應。「系統1」是指以快速、直覺性思考方式，主導當下的情緒反應；「系統2」則是理性且慎重地進行思考，保持客觀性判斷。不耐煩的語氣大多來自「系統1」，但我們可以利用「系統2」調節情緒，走向合作性對話。

不耐煩的語氣在消除挫折感時，可能會有暫時性幫助，但對雙方關係一點幫助也沒有。相反地，積極的語氣能降低對方的心理防衛，使對話朝著合作的方向發展。讓我們回到之前談判桌上的案例吧。如果代表先壓抑不耐煩的情緒，然後這樣回話，結果會如何呢？

「如果您對我提出的條件有任何疑問，我們可以一起想辦法調整。可否請您告訴我哪些部分需要調整嗎？」

1 譯註：美國耶魯大學心理學家杜拉德（J. Dollard）於一九三九年提出的一種攻擊理論。

這樣的表達方式強調了合作而非防禦的態度。對方也極有可能敞開心扉，調整立場，創造出有生產力的結果。只要抑制一時的不耐煩，稍微調整心態，保持積極態度，就能徹底改變談話的氛圍。

我們都知道不耐煩的語氣會對人際關係產生負面影響；然而，如何與人正向溝通，是需要練習的。養成理性控制當下的情緒，並優先考慮對方的立場，這個習慣非常重要。試著有意識地引導對話朝著積極的方向發展吧。言語上的微小變化，可能會對人際關係和人生重要時刻產生重大影響。不妨先問問自己：

「如果我這樣說話，對方會有什麼感受呢？」

光是這個簡單的習慣，帶來的結果就會大不相同。

地雷❷

自認心直口快，不能合理化冒犯他人的事實

A：不是啊，像你這麼出色的人，怎麼會為了那點小事感到煩惱呢？是不是有點誇張了？

來賓：才沒有，我那時候真的很煩惱。哈哈……

B：A先生，你今天說話帶刺呢！

A：沒有啦，我只是好奇才這樣問！

B：（看向來賓）A先生就是這樣心直口快，不要在意，輕鬆聊就好。

來賓：好的，謝謝。

B：A先生，今天切換為「溫暖主持人」模式，如何呢？

嘲諷的說話方式，無論意圖是什麼，都會給對方帶來深刻的傷害，並破壞彼此的關係，這就是典型的「被動式攻擊」。在眾目睽睽之下，說話要更加小心。以前面提及的情況來看，主持人用嘲諷他人的方式開玩笑，即使來賓知道這是節目的調性，也會感到受傷。因此，當一位主持人嘲弄來賓時，另一位主持人通常會打圓場，以平衡談話氛圍；但在日常生活中，很難立刻找到這樣的平衡點。

像這樣自以為幽默而嘲弄他人，會讓對方有被羞辱、冒犯的感覺，談話氣氛也因此搞僵。尤其在商務場合中，這樣的說話語氣是非常危險的。

舉例來說，如果客戶詢問了一個簡單的問題，而你卻回答：「這不是當然的嗎？」聽到這樣的回答，客戶是不會想繼續對話下去的。無論再多的說明、解釋，嘲弄的語氣已使其顯得毫無意義。不妨這樣回答：

「那部分我們也有討論過，謝謝您的指教，我們會進一步評估。」

這樣的態度展現了解決問題的意志，並且對建立信任感有很大的幫助。

在會議或報告的場合中，嘲弄的口氣也很容易引發衝突。如果主管說：「這點子你也好意思提出？」報告者的士氣會受到打擊，而聽眾的注意力也會受到干擾。

這樣的說話方式對團隊合作毫無幫助。請嘗試以開放式問句來展開對話吧。

「針對這個點子，你可以再詳細說明嗎？」

這樣的話語可以幫助報告者保持信心，並進行一場有建設性的討論。

建立「為自己說的話負責」的意識

嘲諷在心理學中，被視為一種被動式攻擊行為。這些人不會直接表明自己的憤怒，而是以隱諱的方式讓對方感覺到不舒服，進而造成影響。**被動式攻擊的典型特徵，包括「間接表達」和「逃避責任」**。

「我只是開玩笑而已，你幹嘛這麼敏感？」

這些話漠視了對方的感受，表現出一副責任不在自己身上的迴避態度。

「這有很重要嗎？」

這種表達方式，展露出不重視對方提出的問題，且逃避嚴肅對話的傾向。

心理學家希歐多爾・米隆（Theodore Millon）將這種被動式攻擊行為分成四種類型：「不快型消極主義者」、「優柔寡斷型消極主義者」、「不滿型消極主義者」、「婉轉型消極主義者」。這些人不會直接表達自己的不滿，而是間接導致雙方關係惡化。

被動式攻擊會讓對方感到困惑並擾亂對話節奏。請試著使用能表現出合作意願的說話方式吧。

「我不太了解您的意思，能否再次詳細說明呢？」

這種表達方式一開始可能會感到尷尬，但對方會有受到尊重的感覺，進而提高對話品質。

意識到自己忍不住生氣時，先停頓一下並深呼吸，然後用平靜的語氣重新對話。與其說：「你為什麼這麼做？」不如說：「你能告訴我哪裡有困難嗎？」也是一個好方法。換位思考理解對方立場的態度，可以減少衝突、建立信任，並使關係更加緊密。請循序漸進練習減少被動式攻擊的行為。

地雷 3

輕蔑的語氣，就是一種「煤氣燈效應」

「你懂什麼？」

忽視他人意見並打擊其自尊的言語，會在溝通中築起一道高牆，使雙方關係變得疏遠。無論是有意還是無意的忽視，都會讓對方留下難以抹滅的傷痕，且破壞對話、摧毀信任。

根據心理學家喬治・凱利（George Kelly）的「個人建構論」（Personal Construct Psychology），人們透過他人的評價來定義自己。像是**「你懂什麼？」這樣的話語，會讓對方產生自我否定的想法，進而導致自尊心低落**。面對他人頻繁的否定時，不僅會影響情緒，雙方關係也容易逐漸扭曲。

如果長期忽視，最終會被煤氣燈效應操控。煤氣燈效應是一種隱祕卻強大的心理操縱形式，可以摧毀一個人的自尊。會讓對方懷疑自己的判斷力和感受，破壞關係的平衡。像是**「你太敏感了」這句話，是忽略了對方的感受，並否定、擾亂對方的經驗**。

像是**「我不可能這麼說」這種反駁對方記憶的話語，會使對方懷疑自己的記憶力和判斷力**。隨著時間的推移，對方會開始質疑自己，而變得越來越依賴操縱者。這樣的說話方式會摧毀對方的自主權，最終使其陷在有毒的關係之中。

從不插嘴的小習慣做起

「托您的福，事情進展得很順利，非常感謝。」

輕蔑的語氣會破壞關係；尊重的語氣則可以成為建立關係的基石。**尊重和體諒對方感受的態度，會讓談話的氛圍轉為正向積極**。因為當人們感受到與對方產生共鳴時，自然便會敞開心扉。此時的「尊重」，已不僅只是禮貌的態度，而是給予了對方足夠的**心理安全感**，讓彼此關係更加緊密。

「你這部分做得很好，但如果這裡能再修正一下，就更完美了。」

這是認可他人努力的同時，也表達自己意見的積極方法。這不僅解決了問題，還有助於提升對方的自尊並改善關係。這樣的說話方式也提供對方成長的機會，並成為彼此間建立信任的基礎。

討喜的對話可以建立信賴關係。與其說：「為什麼會這樣呢？」不如問：「你好像遇到困難了，需要幫忙嗎？」這樣的話語，會使對方將你視為解決問題的夥伴，而不是指責的人。這是減少衝突和建立合作關係的動力。

即使是一個很小的尊重舉動，也會產生非常大的效果。聽對方說話時點頭回應，或是可以說：「托你的福，這個專案變得更好了。」之類的話語，來認可對方的付出。有時只要一句「謝謝」，就能帶來很大的力量。

但有時我們也會因為不經意的一句話而傷害到別人。這時就需要真誠的道歉。

「我說的話好像讓你受傷了，很抱歉，下次我會注意。」

這樣的說話方式有助於重新建立信任關係。對方感到自己被尊重時，就會敞開心扉，並認可你為修復關係所做的努力。

試著從小的改變開始。只要對方說話時傾聽不插嘴，讓他把話說完，或是認可他的付出，關係就可以改善。

輕蔑的語氣會破壞關係，而尊重的語氣則可以建立信任和連結。雖然在談話中體諒和尊重他人的習慣，並非一朝一夕可以養成，但只要持續練習，就能建立更堅強的關係。言語上的一個小小改變，能為整個人生帶來正向的影響和變化。

地雷 ④

命令式口吻，常是惡化關係的主因

「現在再一次！」

命令式語氣，在商務場合甚至是親密的人際關係中很常見，但這樣的說話方式會造成對方的心理負擔，甚至會引起反抗和衝突。

根據心理學家傑克．布瑞姆（Jack Brehm）提出的「心理抗拒理論」（Psychological Reactance Theory），當人們感到自己的自由受到威脅時，會本能地產生抗拒心理。換句話說，**命令式語氣剝奪了對方的選擇權，同時也引發了衝突**。像是「快拿來！」或是「現在立刻做！」這種單刀直入式的說話方式，在緊急情況下可能有效果，但會讓對方感到有壓力，並開啟心理防衛機制。

除了言語之外，在說話語氣、肢體語言上，也能感受到命令式口吻帶來的強烈的壓迫感。僅透過眼神或手勢指示某些行為的非語言命令，也會造成對方的心理負擔和不快。

根據「自我決定論[2]」（Self Determination Theory），當人們的自主性受到尊重時，他們就能激發內在動機發揮創造力。然而，命令式的語氣會侵害自主性，打擊對方的積極性，並使關係逐漸惡化。當人們自主做出選擇和決定時，便會感到責任感及成就感，但命令式語氣會抑制這種感覺，並滋長不滿，在人際關係和溝通上，只會帶來許多負面結果。

首先，命令會引起反彈及抗拒。

像「去做！」這樣的命令式言語，不但無法激勵對方，反而會產生反感，阻礙溝通與合作。這種不必要的衝突，是關係惡化的主要原因。

其次，命令也會破壞信任。

對方會覺得自己不被尊重。舉例來說，如果主管說：「就這麼做，不要想別的方法了！」員工就很難提出有創意的想法，變得被動。最終，工作品質下降，主管和員工之間的信任也削弱。

最後，對方的內在動機會被減弱。

人們從自己選擇的行為中，感受到更大的滿足感和成就感。然而，命令式言語會使其對外在的控制產生依賴，積極性與自主性皆被壓抑。被指使的人很有可能會覺得自己失去了工作主導權，而變得不再積極參與。

給予越多選擇權，越容易促進合作

為了避免使用命令式語氣，尊重他人的自主性，並嘗試進行合作性對話非常重要。言語上的微小變化，也會對人際關係和結果產生重大影響。

2 譯註：由心理學家愛德華・迪西（Edward Deci）和理查・萊恩（Richard Ryan）於一九八〇年提出。

「這份資料明天前能準備好嗎？」

這種表達方式就是賦予對方選擇權，對方會將其視為合作請求而不是命令。

「你這部分做得很好，如果這裡能再補充說明就更好了，對吧？」

像這樣的稱讚和鼓勵，能提升對方的內在動機。正面的回饋不僅只是讓對方心情愉悅，還意味著認可他們的能力，且幫助他們成長。

「你有什麼想法呢？」

像這樣藉由提問來引導對話，也是尊重對方意見的好方法。這會讓對方感到被重視，有助於營造合作的氛圍。此外，透過對話能了解彼此的立場，可以減少衝突並找到更好的解決方案。

命令式語氣也許在短時間內能促使對方迅速採取行動，但從長遠來看，會引發衝突並使關係惡化。請求及合作性對話，則可以提高信任感和生產力。只要改變語氣，就能改善人際關係和成果，這是強大的對話工具。在對話時，當你尊重對方的自主性時，對方會感到更有責任感，就能有效創造出正面的成果。

地雷⑤

當抱怨成為習慣，難怪旁人好想逃

「為什麼只有我這麼辛苦？」

有些人總是不停地抱怨，或是感到內疚時，會用發牢騷的方式表達自己的情緒。但這樣的方式，已不僅是單純的宣洩情緒，可能會讓關係惡化，阻礙個人成長且無法解決問題。

心理學家馬汀・塞利格曼（Martin Seligman）表示，這種行為與「習得性無助」（Learned helplessness）有關。**反覆的挫敗經歷，讓人相信自己無法做出任何改變，最終強化了無助的心態**。抱怨的形式非常多樣，不同的形式對他人和自己都有著不同的影響。

可以肯定的是，無論哪一種形式，結果都是負面的。然而，這些抱怨的形式又有哪些呢？

第一，自我貶低型抱怨

像是「我什麼事都做不好」的表達方式，一直反覆提及過去的錯誤，不斷貶低自己的價值。這會讓人覺得自己無能，也會讓周遭的人感到擔心和難過。

第二，指責他人型抱怨

像是「你的行為讓我覺得很累」的表達方式，是將問題轉向外在以逃避責任，最終引發衝突。這種語氣會讓對方感到不舒服，進而導致雙方關係變得緊張。

第三，牢騷型抱怨

像是「這真的是糟糕至極」的表達方式，比起現實面，更專注於不停地抱怨。這會讓聽者感到疲勞，最終失去對話的動力。

第四，要求型抱怨

像是「請幫我，我太累」的表達方式，是引起對方的同情心，並將責任推卸給對方，產生依賴心理。

這些形式的抱怨，都會降低對話品質，並削弱了人與人之間的信任。

練習正向的自我對話

負面情緒具有傳染性，會傳染給周圍的人。抱怨會對聽者產生負面影響，使人覺得耗費心力，並妨礙團隊合作。這不僅只是單純的個人問題，對組織和關係的品質上也會產生影響。那麼，有哪些方式能有效地停止抱怨，使溝通順暢無礙呢？

「雖然現在有點困難，但還是想想別的辦法吧。」

首先，請試著練習正向的自我對話。

認可自己的價值並練習正向思考，可以有效減少抱怨。這些練習不僅能安撫自己，同時還能提升解決問題的意志力。

「雖然這個問題很難解決，但一定會有辦法的。我現在能做些什麼呢？」

第二，嘗試解決問題的具體方法。如果掌握了問題的本質並尋求實際可行的解決方法，就能藉由過程中的小小成功經驗重拾信心，並提升解決問題的能力。

「很幸運在這種情形下還能學到東西。」

此外，賦予動機和表達感激之情，對於改善抱怨也發揮了重要作用，能讓人專注於小成就或積極面。如此一來，不僅能減少負面情緒，還能對周圍的人產生正面影響。積極的態度具有強大的力量，不僅可以改變語氣，還可以改變談話的氛圍和人際關係的品質。

地雷 6
總說「做不到」，就是在催眠大腦放棄

「這太難了，我做不到。」

「為什麼會這麼想？只要找到方法，就能做到，不是嗎？」

「嗯……你說的對，我再想想別的辦法。」

人們的想法、態度和生活方向，經常會因為一句不假思索說出的話，而有所改變。積極語言不僅能讓我們心情愉悅，更像是一把開啟新道路的鑰匙。反之，消極語言會削弱信心和挑戰的意志，並可能成為預告失敗的陷阱。**一句「我做得到」，就是邁向成功和幸福的第一步**。

積極語言不僅僅是表達希望，而是影響情緒、行為，甚至周遭人的強大工具。維珍集團（Virgin Group）創始人理查・布蘭森（Richard Branson）藉由「我們可以解決任何問題」這句話，創造了積極的企業文化。他的每一句話都給予員工信心，並鼓勵他們發揮創造力，解決問題。這樣的積極態度，為維珍集團成長為國際企業，奠定了基礎。

反之，消極語言會限制人們的行動並形成壓力。根據紐約大學的研究，負面的話語會刺激大腦產生壓力反應，長時間下來，容易陷入不安和沮喪之中。「我做不到」這句話，會讓人畏縮不前，失去挑戰自我的機會。

改說積極的話，行為也會跟著改變

積極語言會影響人們思考及行動。根據「行為活化理論」（Behavioral Activation），積極的行為和語言會影響情緒，語言和情緒也會影響行為。像是「我做得到」這句話，能促使個體行動並創造更多的成功經驗。

事實上，積極語言與大腦的「神經可塑性」（Neuroplasticity）有著極高相關性。神經可塑性是指大腦的結構和功能，會根據使用的語言和思考方式而改變的現象。**當經常使用積極語言時，大腦就會建立積極的神經網路，並逐漸開始減少消極的想法和情緒**。

根據「希望理論[3]」（Hope Theory），積極語言可以激發實現目標的動力和計畫。相反地，即使個體有能力設定目標，但缺乏信心找到新方法或手段，來應對實現目標過程中可能會遇到的挫折，會感覺自己就像被「扔給了狼[4]」。

舉例來說，「雖然困難，但我可以找到解決方法」，這樣的話語，可以刺激大腦的前額葉，提升計劃和執行的能力。像這樣的積極語言，是能實質性改變行為和成果的一種工具。

3 譯註：由美國正向心理學家查爾斯．斯耐德（Charles R. Snyder）於一九九四年提出。希望理論三元素：目標（Goal）、路徑思考（Pathway Thinking）、行動力思考（Agency Thinking）。

4 譯註：Throw to the Wolves英語慣用語，意思是犧牲某人拯救或造福自己或他人。

此外，**積極語言可以減少壓力荷爾蒙皮質醇（Cortisol）的分泌，促進多巴胺（Dopamine）和血清素（Serotonin）等快樂荷爾蒙的分泌**。這能幫助人們做出更好的決定，不會在困境中失去希望。

積極與消極，不單只是可以選擇的說話方式，而是深刻影響思考、行為和人際關係的重要工具。消極語言會成為禁錮自己的圍籬，而積極語言則是行動的催化劑，是激發潛力的強大工具。

「我做不到」這句話語，會限制人們的行動並使其產生挫折感。反之，「我做得到」這句話語，會喚醒大腦的可能性，讓我們能夠接受新的挑戰。根據心理學研究，積極語言可以減輕壓力，促進行為改變，並產生更好的結果。只要稍微改變說話方式，就會對大腦產生巨大的影響。像理查·布蘭森這樣使用積極語言的人，不僅對自己，連身邊的人也會受到這樣的正面影響。「我們可以解決任何問題」這句話，並非只是空泛的樂觀，而是一股強大的動力，提升了團隊的信心，鼓勵他們迎接挑戰。

從今天起，試著有意識地減少消極話語。不要說：「這太難了。」而要說：

「我會試試。」說話方式的微小變化，會改變一個人的行為，行為改變，人生也會跟著有所改變。

積極語言猶如一盞明燈，在迷茫時照亮腳下的路。只要一句「我做得到」，就能成為開啟未來的第一步。從今天起，無論何時都請選擇積極語言吧。如此一來，你將體驗到人生越來越光明，並開啟更多新的可能性。

地雷 7

貶低自己，並不能解決任何問題

很多時候，人們總是會遇到無法預料的問題。像是考試落榜、工作升遷失敗，或是戀愛關係出現衝突。但你知道嗎？在生死攸關的時刻，最後會得到什麼樣的結果，一切取決於你說出口的話語。不要說：「為什麼這會發生在我身上？」而是要問：「我能從這個問題中學到什麼？」如此一來，問題不再是一個障礙，而是成長的機會。

解決問題的語言，是改變態度和行為的起點。「將問題轉化為機會」這句話，可以幫助我們在面對挑戰時建立信心，並找到解決方法。

韓國足球員朴智星，由於身材矮小、體力不佳的關係，在球員生涯初期遭遇了許多困難。雖然可以選擇直接說「這是我的極限」這樣的話語，不過他反而下定決心說出：「我的弱點是我必須克服的挑戰。」此後，朴智星憑藉其特有的真誠克服了這些困難，並成為曼聯（Manchester United）的關鍵球員。

韓國旅行 YouTuber Pani Bottle，在經營個人頻道初期，由於拍攝設備和剪輯技巧的限制，他只能用最低的預算去旅行，因此，曾收過「製作粗糙」的回饋。然而，他將自己的頻道定位在「真正的旅行滋味」，將真實的內容毫無掩飾地呈現出來；再加上他說話妙語連珠、談吐幽默，觀眾給予了「能展現最真實的旅遊體驗」的評價，使其受到極大的歡迎。

將問題視為「機會」，會帶來更好的結果

根據哈佛大學的研究，**將問題視為「學習機會」而不是「危機」的話語，可以提升大腦解決問題的能力**。使用積極語言的實驗組，提出了創意性多出二五%的解

決方法，且壓力荷爾蒙皮質醇數值也降低了。

此外，**積極重建問題的話語，可以透過釋放多巴胺來提高動力，進而帶來更好的結果**。要讓問題轉化為機會，最重要的是——將問題視為成長的機會，並使用具體、可操作的語言。

「完蛋了。」

↓

「這次經驗將幫助我取得下一次成功。」

「這是不可能的。」

↓

「解決這個問題的第一步是什麼？」

將問題轉化成機會的話語，是能為自己帶來信心和成長可能性的強大工具。下次出現問題時，請試著說出：

「這個問題賦予我成長的機會。」

話語改變時，想法就會改變；想法改變時，行為就會改變。問題，那只是機會的另一個名字。

地雷 8

光是羨慕嫉妒，只會陷入更深的挫折

「我為什麼要加入這個團隊？」

防彈少年團隊長RM曾坦言，出道初期因為其他成員出色的舞蹈實力，讓他深陷苦惱之中。這讓他赤裸裸地正視了自己的弱點。但很快地，他就改變了想法並下定決心。

「我可以用饒舌和歌曲創作為團隊做出貢獻，而舞蹈部分再更加努力就能進步。」

他沒有否認或壓抑自己的嫉妒，而是努力精進自己的優點，並持續改善自己的弱點。這成為RM作為BTS隊長，帶領團隊成為世界級韓國男團的一大動力。

嫉妒，是每個人都會感受到的自然情緒，但如何用言語表達出這個感受，是很重要的。人們常常以抱怨或自嘲的方式表達嫉妒。不會用：「我希望能像那個人一樣優秀。」這樣溫和的表達方式，反而會貶低自己，說出：「那個人擁有了一切，而我做不到。」這樣的話語會損害人際關係，也會讓自己畏縮不前。不但無法化解嫉妒的情緒，反而陷入更深的挫折感。

當以健康的方式表達嫉妒的情緒時，反而可以成為推動個人成長的強大動力。

不要否認或壓抑嫉妒的情緒，請試著用積極語言來表達：

「我照著自己的節奏做得很好了，只需要再努力一點就沒問題。」

當以這種方式表達時，嫉妒就不再是一種消極情緒，而是實現目標的動力。

將負面情緒，轉化為實現目標的動力

嫉妒是一種自然的情緒，但如果以消極的方式表達，可能會引起衝突或摧毀自己。相反地，如果接納它，並將它轉換成正面的方向，對於人際關係和自己會帶來有益的結果。以下是一些以健康的方式表達嫉妒的方法。

第一，鼓勵對方一起成長

不要說：「就你最優秀。」而是說：「你真的很棒！我要努力成為像你一樣的人。」這樣的表達方式將嫉妒轉化為鼓勵，並有助於強化關係。對方會因為自己的優點被認可而感到高興，並會感激你真誠的鼓勵。

第二，跟自己對話

當拿自己與別人比較時，嫉妒就會滋長。不要問：「為什麼我做不到？」這種消極的問題，請試著說：「我要按照自己的節奏去做，下次我會做得更好。」這樣的話語能提升自信心，讓你敢於突破自我，迎接各種挑戰。當對自己說話寬容時，嫉妒就不再是一種摧毀自我的情緒，而是能推動你前進的動力。

第三，將嫉妒轉化為成長動力

嫉妒可能是自身不足的訊號。如果想以健康的方式善用嫉妒的情緒，請試著問問自己：

「我能做什麼？」

然後認可被你嫉妒的人的優點，並探索自己可以成長的領域。舉例來說，「那個人的簡報能力真的很強。我需要提升自己的傳達溝通能力。」這樣的言語能幫助我們客觀地看待自己的強項和弱點，並制定可行的成長計畫。

嫉妒是一種自然的情緒，重要的是，要如何用健康的言語表達出來。當感到嫉妒時，問問自己：「我能做什麼？」練習承認對方的優點，並且用言語鼓勵自己。健康的嫉妒是能創造出更好的自己的起點。

地雷 9

越說消極的話，就越會提不起勁

「最近怎麼這麼累？一點樂趣都沒有。」

「那就休息一下吧。你該充電了。」

「我沒時間這麼做。這狀態我還得持續下去，對吧？」

這是許多人感到倦怠、精疲力盡時會產生的感覺。歌手ＩＵ曾說過，她在繁忙的行程和不斷的音樂創作中，感到精力耗盡。

「有時我什麼都不想做。有好多天就只是坐著放空而已。但回想起來，我意識到那些日子絕對是必要的。多虧了那些日子，我才能寫出好的作品。」

她接納了低潮時的自己，並自我安慰，將這段時間當成創作的基礎。人們可以選擇以怎樣的語言和態度面對低潮，這些是改變生活方向的重要關鍵。

然而，如果無法正確處理倦怠感，就有可能將自己逼入絕境。倦怠，並不是輕度的懶散或怠惰，而是感覺失去意義的狀態下，所產生的深深無力感。

試試2方法，幫助增加內在動機

倦怠與大腦結構有著密切相關。腦科學中所說的「多巴胺獎勵系統」，提供了設定目標並採取相應行動的動力。然而，在面對日復一日的日常生活，或是完成某件事後沒有新刺激的情況下，多巴胺的分泌就會迅速減少。這會讓大腦發出「這一點都不有趣」的訊號，從而引發倦怠和無力感。

舉例來說，如果一個為了追求成果而忙於奔波的人，在達成目標後還找不到新目標的話，大腦就會判斷個體目前處於「靜止」狀態。此時會經常說出「為什麼這麼累？」這種消極話語，這會使多巴胺系統的敏感度下降，並加劇倦怠感。

腦科學中所說的「感恩框架」（Framing），對克服倦怠感效果顯著。這是一種訓練大腦對於「正增強」（Positive Reinforcement）刺激更加敏感的方法，能幫助擺脫倦怠和無力感，並重新找回動力。舉例來說，**當你問自己：「我今天能完成的最小成就是什麼呢？」或是，「這種情況，我應該感謝什麼呢？」大腦會努力尋找一個正面結果**。這會刺激多巴胺分泌，並幫助人們從小的變化中獲得成就感。那麼，來了解一下將倦怠感昇華成動力的兩個方法吧。

第一，將嫉妒轉化為成長方向

無論多小的成就，多巴胺系統都會做出反應。從小成就中獲得動力，可以帶來巨大的改變。

第二，接受並鼓勵這個過程

在這個過程中，賦予意義的話語，可以幫助排解倦怠感並增加內在動機。

倦怠，是人生中不可避免的時刻，但如何接受和表達這種感覺，可能會成為一個轉捩點。「我現在需要這樣的一段時間。」如此積極的態度和話語，可以將倦怠期轉換成為自己充電的機會。設定小目標並鼓勵自己，一步一步朝著目標邁進。最終，倦怠只是走向更美好未來路上的一個短暫逗號。你的語氣和態度，不會讓逗號成為句號，而是人生篇章的新起點。

地雷⑩

過度焦慮未來，當心被不安感吞噬

「如果失誤了怎麼辦？」

「你已經做好準備，一定沒問題的。別擔心，只管去做。」

「但我還是很不安。」

不安，是每個人都熟悉的情緒。特別是對於夢想著成功的人來說尤其如此。世界知名日本網球選手大坂直美（Naomi Osaka）曾說過她在比賽前，經常感到極度不安。她在接受採訪時如此說道：「在踏上球場之前，我總是會想：『我能打好這場比賽嗎？』但從某一瞬間開始，我改對自己說：『妳不必做得很好，只管做自己能做的事。』」

這個簡單的語氣變化，為她帶來巨大的改變。不只緩解了一直以來的不安，還成為了她在球場上更自由、更自信地打球的動力。她的事例說明了在不安時，改變語氣的重要性。

專注當下，做自己能做到的就好

在心理學中，不安的情緒被定義為「對於無法控制的情況所產生的反應」。不安是大腦感知到危險，並發出警告的一種自然現象，但有時會反應過度，使人們喪失了自信。消極的自我對話會加劇不安的情緒。舉例來說，如果在考試前一直想著「這次一定會考不好」，不安感就會增加，說話語氣也會受到負面影響。

「正念」，可以幫助控制不安的情緒。正念強調的是專注當下，不帶任何評斷地接納自己。在不安的瞬間，大腦往往會專注於過去的失敗或未來的恐懼，但正念可以幫助我們截斷這個循環，並活在當下。

在不安的時刻問問自己：「此時此刻，我的感覺如何？」或是「什麼是我能控制的？」這可以減少消極的自我對話，並增強對當前所處局面的控制感。像這樣簡單地改變說話方式，可以有效地調節壓力，穩定不安的情緒。

「如果這次報告搞砸了該怎麼辦？」

↓ **「此時此刻，將注意力集中在我準備的東西上吧。」**

「如果大家嘲笑我該怎麼辦？」

↓ **「我只需要專注於自己能做好的事情就可以了。」**

研究顯示，運用正念進行積極自我對話，能有效降低不安的情緒，且在面對壓力時，具有更強的自我控制力。**重要的是，不要壓抑負面情緒，而是培養承認負面情緒，並專注於當下力所能及之事的態度**。

面對重要時刻或挑戰時，感到不安是生活中不可避免的一部分。然而，是要被情緒左右，還是控制情緒並繼續前進，完全取決於自己的選擇。

在不安的時刻，消極的自我對話經常占據人們的思緒。很多時候先想到的是「我好像做不到」的念頭。但只要稍微改變一下說話方式，不安就會轉為安定。只需要一句：「到目前為止都做得很好，這次也一定沒問題的。」就能成為撫平不安和鼓勵自己的強大力量。這樣的話語，無論是對別人還是自己都有效果。

消極的自我對話會增加不安的情緒，而積極的說話方式則是可以建立信心並找回安定內在。如果腦海突然浮現「我做得到嗎？」這種令人感到不安的問題，請試著這樣回答：

「我盡最大的努力了。」

這些微小的改變可以改變我們的態度，並帶來更好的結果。說話的方式不單純只是表達，而是能穩定心態、改變行為的關鍵。

控制不安的說話方式，不僅僅是為了克服當前的困難，而是重拾信心與安定，創造更美好明天的起點。當感到不安時，告訴自己：「這一切都會過去的，我做得到。」你的說話方式將會撫平不安的情緒，並開啟各種可能性。

語言不只是一種對話工具，
它對人們的情緒和記憶的形成有著深遠的影響。

第2章

刻意練習10件事，讓連結形成深度關係

練習 1

創造好印象，是建立正向關係的第一步

初次見面真的好難，

因為事情都沒按照計畫進行。

這首〈初次見面沒有按照計劃進行[5]〉歌曲，包含了初次見面的激動中所面對的茫然，和對未來相處日子的期待。

5 譯註：韓國男子團體 TWS 歌曲，PLEDIS 娛樂發行。

據說**在初次見面的七到三十秒內，第一印象就會形成**。在這短暫的時間裡，我們透過語氣、表情和語調來交換彼此的印象。心理學家所羅門・阿希（Solomon Eliot Asch）稱此為「首因效應」（Primacy Effect）。他解釋說，第一印象對日後判斷有著持續性的影響。

他在一九四六年進行的關於人格印象形成的實驗中發現，人們最初獲得的資訊，對日後的判斷有著深遠的影響。他向參與者提出了兩組描述性格的詞彙：

聰明、勤奮、衝動、固執

固執、衝動、勤奮、聰明

兩組描述內容皆相同，但列出的順序不一樣。結果顯示，最先出現的詞彙，也就是最初呈現的訊息，對人們的印象形成有較大的影響。**人們是根據第一印象來評價他人，並用後續資訊來補充或強化第一印象**。

「你好！今天天氣很不錯吧！」

你曾有過因為一句問候語，整日心情愉悅的經驗嗎？可能也有過：「你好……天氣很不錯……」這樣枯燥的言語，使談話氛圍變得尷尬的經驗吧。

即使內容相同，不同的說話語氣，對方接收到的印象就會有很大的差異。初次見面時說話的語氣，是讓對方留下深刻第一印象的關鍵因素。爽朗親切的語氣會讓對方產生好感；自信的語氣能建立信任；幽默的語氣能增添魅力。反之，沒自信的語氣會引起不安的情緒；漫不經心的語氣則讓人很難繼續聊下去。

真誠，永遠是人際關係最好的投資

一句爽朗親切的問候，就可以開啟溫柔的對話，並有助於打開對方的心扉。韓國新聞主播金柱夏在開場時說道：「各位觀眾朋友晚安，很高興和大家在一起。」便是用溫暖的語氣贏得了觀眾的信任。像這樣開口的第一句話令人感到舒適且親切，會讓對方留下良好的印象。

第一印象是決定未來關係方向的重要時刻。這短暫的時光所承載的重量，遠比想像的還要更大。溫暖的語氣和親切的問候，可以打開對方的心扉，成為建立正向關係的第一步。

但一句問候並不如想像中那麼容易。有時，當處於緊張或尷尬的局面時，語氣可能會變得僵硬或漫不經心。在這種時刻，請嘗試慢慢地、真誠地且自信地向對方打聲招呼吧。

「你好！早安！」

試著用這些話語來開啟對話。如果再加上一個溫暖的微笑，效果更是加倍。問候，是自己和對方之間建立橋樑的過程。「過得如何？」或「好久不見，很高興見到你。」想出適合對方情況的問候語，也是個好方法，重要的是——真誠的態度。**比起說話的內容，對方感受到的，是你如何表達。**

透過問候建立正面的第一印象，能自然而然地開啟後續的對話，並讓對方願意與你建立深度關係。請記住，一句親切的問候，會被記住是有禮貌的人，而這正是建立信任和提升好感度的最佳投資。

練習 2

比起內容，要留意更容易被記得的語氣、聲調

「真的非常感謝。祝你有愉快的一天！」

你有聽過這樣的問候語嗎？會浮現出因一句問候語，溫暖照亮了一整天的記憶。相反地，像是「喔，你好」這樣乏味無趣的問候，會讓展開對話時變得非常尷尬。說話的語氣，不單只是詞彙的組合而已，而是要向對方傳達我們的感受和態度，有時甚至展現了一個人的個性和本質。

現代集團創辦人鄭周永，就是說話的語氣讓人留下深刻印象的典型例子。他的名言是：「即使有試煉，也沒有失敗」，這句話被視為韓國工業發展的象徵。

一九七〇年代，正是韓國挑戰造船業的時期，鄭周永僅憑一張大型造船廠的照

片，就從外國銀行獲得了資金。在資源和技術匱乏的情況下，他傳遞了「這也是學習機會」的積極訊息，最終現代重工製造出了二十六萬噸級輪船，震驚了全世界。他積極進取的話語和態度促使他採取行動，成為將不可能化為可能的動力。

語氣，不僅是一種傳遞訊息的方式，也是一種表達情感和態度的媒介。心理學家保羅·艾克曼（Paul Ekman）說道：「人類對於臉部表情和情緒的匹配，具有高度的一致性。」這說明了**非語言元素**在傳達情緒方面的重要性。他的研究顯示，**語氣、聲音和語調，比說話內容更能傳達情緒**。即使是同一句話語，用溫暖的語氣表達，對方可能會產生好感；但如果用冷淡的語氣表達，就可能引發防禦性的態度。這強調了說話的語氣在對話和建立關係時，有多麼重要。

和說話的內容相比，說話的口氣和態度會讓人記憶更長久。有一項研究也證明了這點。

美國心理學家丹尼爾·康納曼和他的同事研究了人們如何記憶事件或經歷。他們發現**人們對特定經驗的「高峰」和「結局」記憶更深刻。如果對話最後是以溫暖的語氣結束時，那麼對方就很有可能會積極地記住這場對話**。

非語言元素更能傳達情緒

在韓語中，有句意味深長的話語是這樣說的：「韓語必須聽到最後。」就像需要聽完全部的內容才能理解意圖和脈絡一樣，語氣本身也是決定對話方向的重要因素。溫暖而真誠的語氣，會讓對方願意聽你說完，並引導談話朝著正面的方向發展。

說話的語氣，是為對方的情緒和記憶留下深刻印象的重要因素。如果用溫暖的語氣開始對話，那瞬間就是將積極語言傳達給對方。親切且幽默的語氣，可以取得信任感及產生共鳴，並讓對方留下深刻長久的印象。

說話的語氣是情緒的傳達者，也是人際關係的調節者。真誠的話語能感動人心，成為建立信任的基礎。今天，就用溫暖而積極的言語照亮某人的一天，並創造一場令人難忘的對話吧。

練習 3

讓人感覺被認可，會強化他的內在動機

「你做得很好！」

這句話會帶給對方什麼影響呢？當以溫暖而真誠的語氣給予稱讚時，對方會感到被認可；當以平淡枯燥的語氣表達時，稱讚的效果就會減半，信任度也會下降。

稱讚可以提升對方的自尊感並強化關係。心理學也解釋道，稱讚會促進多巴胺的分泌，進而提升幸福感和動力。世界級韓國足球選手孫興慜曾在賽後訪談中，特別具體稱讚了隊友的努力。

「和自己踢進的球相比，在隊友助攻下踢進的球還更多，我非常感謝所有曾幫助過我的隊友。」

這句話對他的隊友們來說，無疑是一種真誠的鼓勵。與其說：「做得好」，不如說：「謝謝你在今天的發表中舉例說明，讓我更易於理解。」像這樣具體表達，對方就會覺得自己的努力得到了認可。

越收到正向回饋，越想要做得更好

用爽朗、積極的語氣稱讚他人，會更具有效果。像是「這是一個好主意。托你的福，專案變得更完善了」這樣的稱讚，會為對方帶來正能量，激發他們的內在動機。這在行為主義心理學的「強化理論[6]」（Reinforcement Theory）中也得到了很好的解釋。**當人們收到正面回饋時，會傾向重複該行為**。

6 譯註：由美國心理學家史金納（Skinner）率先提出的一種理論。當行為的後果對個體有利時，這種行為就會在往後重複出現；不利時，這種行為就減弱或消失。

「你這份報告準備得很充分，讓會議進行得非常順利。」

像這樣具體而真誠的稱讚，能準確地肯定對方的努力，激發正面情緒，促進「催產素」（Oxytocin）幸福荷爾蒙的分泌，使得關係也更加穩固。

用溫暖、真誠的語氣稱讚，並看著對方，效果最佳。舉例來說，「我感受到了你的熱情，真是太帥了。」這樣的話語，具體地提到對方的熱情和價值。又或是「你這份報告的數據資料整理得很詳盡，讓會議進行得更加順利。」這樣的話語清楚地說明被稱讚的行為。試著用爽朗的語調和充滿正能量的態度說說看吧。

「多虧你的想法，這個計畫已順利進行，真是太感謝了。」

在適當的時機給予稱讚會更有效果。因此，根據情況判斷是否公開或私下給予也很重要。此外，要清楚地提及對方的作為。「感謝你不時地幫忙檢查，讓我能夠減少錯誤。」像這樣的話語，不僅認可了對方的貢獻，也會使雙方關係變得更加深厚。試著用一句小小的稱讚來照亮別人的一天，並強化彼此間的連結吧。

練習 4

讓簡單感謝發揮超大力量，得掌握3要素

「真的非常感謝你的幫忙。」

用溫暖的表情、真誠的話語表達感謝，對方會感受到你的誠意，留下正面的印象。相反地，如果是用形式化且冷淡的語氣表達感謝，對方也不會在意，只會當作一句隨口說出的話語。禮貌地表達謝意，不但可以維持健康的人際關係，還能讓雙方關係更加緊密。

從心理學角度來看，感謝也被認為是幸福和正向情緒的關鍵要素。正向心理學的創始人馬汀．塞利格曼（Martin E. P. Seligman）解釋說，**感恩能培養人們的正向思維，幫助形成健康的心態和令人滿意的人際關係**。他發現感恩可以減輕壓力，強

化正面情緒，甚至提升免疫力。

心理學家羅伯特．埃蒙斯（Robert Emmons）研究了表達感恩對日常生活的影響，並經科學證明，感恩為生活帶來了積極變化。他進行了一項研究，將自願受試者分為三組，請每組記錄了不同內容的日記。

第一組每天寫下五件感恩的事情，第二組每天寫下五件煩惱或抱怨的事情，第三組則沒有特別要求，只是簡單地記錄事件或情況。

十週後，第一組記錄感恩事情的人與其他兩組相比，發生了顯著的變化。他們感到更幸福和樂觀，對生活的整體滿意度也明顯提高。他們的身體狀況也出現了正面的變化，運動頻率有增加的趨勢，疾病發生率也有下降。人際關係也發生了明顯的變化。報告顯示他們對他人更加親切，與社會的連結更加緊密。埃蒙斯的研究表示，感恩的力量可以重塑大腦，讓人們更頻繁地感受到正面情緒，進而創造更美好的生活。

感恩並不只是形式上的客套話，而是承認對方的努力和存在的表現，是讓關係更加穩固的媒介。舉例來說，如果朋友在你遇到困難時伸出援手，當你要表達感謝之意時，可以試著提及具體情況，例如：「謝謝你昨天的幫忙，托你的福，減輕了很大的負擔，真的非常感謝。」對方會因自己的努力得到認可而感到高興，雙方更能建立起深厚的情感連結。

「這一切不是我一個人的功勞，感謝隊友和球迷的支持。」

韓國排球選手金軟景會在比賽後向隊友和球迷表達感謝之意，是眾所周知的事情。她的話語展現了她對團隊合作和球迷支持充滿感謝的態度。這種發自內心的感恩，讓隊友和球迷都感動不已。

表達感謝，會促進好事發生

要好好地表達感謝之情，重要的是真誠、具體性和適當的時機。心理學將這些定義為表達情緒的三個要素。

一、言語必須真誠

不要只是禮貌性說「謝謝」，而是要認可對方的努力，並陳述感謝的理由。

二、描述具體的情況和行為，會讓感激之情更加真誠

「多虧你對這次的專案充滿熱情，我們才能成功完成」，像這樣具體描述，對方就會感覺到自己的貢獻受到了明確的肯定。

三、盡快表達謝意很重要

在事情完成後立刻或一天之內傳送訊息，才能發揮感激之情的最大效果。

心理學家芭芭拉・佛列德里克森（Barbara Fredrickson）表示，感恩等正向情緒能讓大腦更有彈性、更有創造力。表達感謝會促進多巴胺和催產素等正向荷爾蒙的分泌，有助於減輕壓力，建立更健康的人際關係。

在結束一天的工作前，想想今天令你感謝的事情，並向身邊的人表達感激之情吧。感恩在表達之際，會更加閃耀。一句微小的話語，就能為人際關係和生活帶來巨大的影響。

練習 5

向星巴克學習！創造好結局的思維方式

「那樣會失敗的。」

「嘗試其他方法的話，成功機率會提高吧？」

在日常生活中，人們經常會不自覺地使用一些消極語言。然而，一個人的說話方式比說話內容更具有影響。特別是在眾人面前演講或受訪時，使用消極語言會使氣氛瞬間冷場。

媒體人歐普拉．溫弗蕾（Oprah Winfrey）以說話方式能「化負面為正面」而聞名。在脫口秀中，當一位觀眾淚流滿面地分享自己的失敗故事時，她說：

「失敗是我們最好的老師。你現在所經歷的這一刻，會使你變得更強大。」

聽到這句話時，許多觀眾不禁潸然淚下，微笑點頭表示認同。她的積極語言不僅安慰了對方，也感動了對方的心，改變了他們的行為。

心理學表示，**消極語言會增加壓力荷爾蒙皮質醇的分泌，並啟動心理防禦機制。如果經常與使用消極語言的人交談，會讓人感到緊張和不舒服**。

舉例來說，如果在會議中對團隊成員說：「為什麼沒做好？」這只會讓他們感到被指責了，而不是想到先解決問題。反之，如果說：「這部分可以再加強一下。讓我們一起集思廣益吧。」如此一來，就能營造出良好的團隊合作氛圍。

消極語言會擾亂談話的節奏並產生衝突，而積極語言則可以改變雙方的態度，並帶來解決方法。那麼，「化負面為正面」的方法有哪些呢？

扭轉負面觀點，從換句話說開始

「這真的不行。」

「該如何解決這個問題？」

否定的話語通常只點出了問題，並沒有提出解決方法。請嘗試使用積極提問。提問是尋找答案的起點。積極提問能自然而然地鼓勵人們探索解決方法，並改變思維方式。

「這裡有錯誤。」

「這部分稍微修正一下，就會很好了。」

直接提供負面回饋可能會打擊對方的積極性，但如果先提及正面回饋並提出各種可能性，對方就能重拾信心並更加努力。

「為什麼用了這麼久的時間？」

「這個過程相當棘手，但到目前為止都做得很好。再試試吧。」

當某人的工作進展緩慢時，與其指責批評，不如在過程中適時提供指導與方向。這行為不僅代表認可對方的努力，還能減輕他的壓力，激發其內在動機。

積極語言所帶來的改變，在許多案例中都能得到證實。世界級籃球選手勒布朗．詹姆斯（LeBron James）在比賽時遇到隊友失誤，他並沒有責備，而是說：

「沒關係，我們專注於下一場比賽，沒有問題的。」

這句話讓因失誤而灰心喪氣的隊友重新振作起來，比賽也逐漸有了轉機。他的「正向領導力」經常被當作例子，說明他如何鼓舞隊友抓住下一個機會，而不是只是單純地指出錯誤而已。

星巴克前執行長霍華．舒茲（Howard Schultz）的故事也是一個很好的案例。曾經發生過一名員工不小心點錯餐點的事件。在正常情況下，發生這種事會遭到斥責，但他說：

「每個人都會犯錯，重要的是，從這次經歷中吸取教訓，變得更好。」

該員工下定決心提供更好的服務，而該事件也被星巴克作為內部教育訓練的範例。積極語言不只是好聽而已，它能發揮強大的力量，讓對方感受到責任，並帶來更好的結果。現在起，就用積極語言和人對談吧。

練習 6

提供「心理安全感」，拉近彼此的距離

「最近真的很累。」

當朋友這麼說時，你會如何回應呢？是否曾不假思索地說出：「大家都很累啊。」但如果是：「一定很累吧。是什麼事情讓你這麼疲憊呢？」這樣的回答會有什麼差異呢？

總而言之，對話的方向將截然不同。**同理心，不只是安慰，而是你和他人心靈之間的橋樑，使雙方關係更加穩固**。當人們感覺自己的情感被真正理解時，就會得到安慰。

心理學家亞伯拉罕・馬斯洛（Abraham Maslow）將人類的需求依其高低層次排列，認為人類所有行為均由需求所引起，提出了「需求層次理論」（Maslow's Hierarchy of Needs）。馬斯洛理論指出，人類從最基本的生理需求開始，然後發展到安全需求、愛和歸屬感需求、尊重需求，最後是自我實現需求。該理論解釋說，必須先滿足每個層次的需求，才能追求下一個層次的需求。

在馬斯洛的需求層次理論中，愛和歸屬感需求與同理心密切相關。**當人們感到「被理解」時，會產生歸屬感，有一種被接納和溫暖的感覺**。這會使雙方關係更加深厚、更有意義，並強化了信任感和親密感。

舉例來說，當有人跟你談論一個棘手的情況時，不要只是冷冷地回答：「這也是有可能發生的。」可以說：「這應該不好解決，有什麼我可以幫忙的嗎？」如此一來，會讓人感覺自己被理解。這滿足了歸屬感的需求和尊重的需求，並成為發展正向關係的基礎。同理心，是一種可以滿足人類基本需求的強大溝通技巧。

同理心是加深關係的關鍵因素

同理心，不僅是簡單的語言交流，在建立和維持關係也發揮了重要的作用。美國前總統歐巴馬，就以富同理心的溝通而聞名。

「I hear you, and I understand your pain」（我理解你的痛苦）。

二〇一五年查爾斯頓教堂槍擊案發生後，他以這句話向受害者家屬和人民，表達了深刻理解他們的痛苦。這句話讓全國人民對歐巴馬產生了強烈信任感。這不僅是承諾制定政策解決問題，更重要的是，建立情感連結的領導者形象，給予許多人安全感，在分裂社會中促進凝聚力，促使人民團結。

「You are not alone. Together, we can overcome this」（你並不孤單，只要我們一起，就能戰勝一切）。

在疫情全球大流行初期，歐巴馬前總統在公開聲明中說了這句話。疫情剛開始時，人們感到強烈的不安和孤獨，社會團結已從根本動搖。歐巴馬努力為那些害怕孤獨的人提供安慰。不只如此，他也強調團結一致，共同解決問題。人民感受到政府和社會理解他們的痛苦和恐懼，並確認了合作意願。這種富同理心的訊息，不僅提供了心理安全感，也在混亂中積極地傳播希望。

在歐巴馬的談話中，普遍展現了同理心的力量，而這來自於真正理解他人的痛苦。富有同理心的言語不僅僅是承諾解決問題，而是在理解對方情緒和與他們建立信任方面，也發揮了重要作用。這是加深與他人關係的關鍵因素，不僅在領導力方面，在日常對話也非常適用。

練習 7

善用幽默感，潤滑人際關係

「喂，你又遲到了？」

「下次準時的話，我會給你一些零用錢。」

即使是一個小玩笑，也能改變談話的氛圍。開玩笑可以製造輕鬆的笑聲，打開彼此的心扉，但有時一不小心，會使氣氛變得微妙，關係也變得尷尬。**開玩笑的語氣與玩笑本身一樣重要**。即使內容相同，根據語氣的不同，玩笑話也可能被喜歡或誤解。

雖然如此，開玩笑可以活躍氣氛，使人展現出游刃有餘的形象。它在人與人之間搭起了無形的橋樑，拉近了彼此的距離。

玩笑不僅僅是文字遊戲，它還向對方傳遞「我們是同一陣線」的訊息，從而建立信任感和紐帶關係。這展現了玩笑在人際關係中的力量。

玩笑通常是透過機智風趣和出人意料的轉折引人發笑。但從心理學上來說，玩笑的真正力量並不來自於笑聲本身，而是來自於笑聲背後的訊息。當對方因一個玩笑而發笑時，這並不僅僅意味著覺得這個玩笑有趣。

「我明白你的意圖並且同意。」

這樣的訊息在開玩笑的人們之間，建立了一種無形的信任紐帶。

一項研究發現，當人們在開玩笑時，大腦中的獎勵系統會被啟動。催產素會在我們大笑時，尤其是開玩笑時釋放，而這在建立信任感和親密關係中發揮了重要的作用。

這也顯示玩笑話不僅只是單純的活絡氣氛，也是強化人際關係的重要工具。

態度不輕浮，好感度就加倍

開玩笑，不僅僅只是幽默，還是緩和與他人關係的重要工具。但是，如果開玩笑時的語氣冷漠或帶有攻擊性，對方會很難把這句話當成玩笑話。

舉例來說，即使微笑地說：「你總是這樣。」但如果語氣帶有諷刺意味，對方可能會覺得自己被指責了。相反地，如果用爽朗、歡快的語氣說出，對方就會覺得只是在開玩笑，談話的氛圍也會變得輕鬆許多。那麼，該如何有智慧地開玩笑呢？

首先，開玩笑的時候，保持爽朗、輕鬆的語氣很重要。如果聲音太低沉或太沉重，就有可能聽起來像是批評，而不是玩笑。

「你又遲到了？」

↓

「你的時間觀念很獨特耶！」

注意對方的感受也很重要。如果對方已經很疲憊或心情不好，開玩笑可能會讓情況變得更糟。首先，了解對方的感受，然後在適當的時機開玩笑。開別人的玩笑時，稍有不慎很容易會被當作是挖苦。將玩笑的焦點轉移到自己或當下的狀況，可以讓對話變得更加舒適和愉快。

一個恰當的玩笑可以幫助緩解緊張氣氛，並拉近雙方的距離。開玩笑的語氣如果能讓對方感到善意和歡快，哪怕是一句輕鬆的話語，也能加深彼此的關係。

練習8 這樣「指名道姓」，瞬間提升親密度

「喂，過來一下。」

「智勳，能過來一下嗎？」

即使是同樣的請求，不同的語氣，傳達的感情也完全不同。特別是**稱呼對方的名字，會給對方一種「我特別受到尊重」的感覺**。雖然只是一個小差異，但稱呼名字時，會讓對話變得親切，關係也變更親密。

世界級網球選手拉斐爾．納達爾（Rafael Nadal）接受採訪時曾表示，教練和隊友在比賽中高喊他的名字並給予鼓勵，給了他很大的力量。他說：「『拉斐[7]，你做得到』這句話，比僅僅只是說『加油』，更能激勵人心。」像這樣稱呼名字，

可以增加對方的信心，提升歸屬感。

在日常生活中稱呼名字，也可以積極地改變對話和關係。舉例來說，在工作時，與其說：「你來負責這個專案。」不如說：「這個專案希望由智慧來負責。」對方會感到更有動力和責任感。

名字，會塑造「歸屬感」

心理學認為，**名字是塑造一個人的身分和歸屬感的關鍵因素**。名字不僅僅只是一個詞彙，它象徵了一個人存在的意義。當聽到一個名字時，大腦的顳葉和前額葉就會被活化，這與正面情緒有關。因此，呼喚對方的名字可以安定他們的情緒，並提升他們的信心。

從腦神經科學的角度來看，聽見自己的名字，對情感反應會產生很大的影響。當名字被叫到的那一瞬間，大腦會自動輸入這樣的訊息：

「對方在注意我。」

這對於建立信任感和親密關係發揮了重要的作用。在談話中，要向對方傳達「你對我而言是重要的存在」這一訊息，最直接的方式就是稱呼對方的名字。

舉例來說，在提供客戶服務時，如果稱呼對方為「金賢秀客人」，而不只是「客人」的話，對方會覺得自己被重視，這對於提高滿意度非常有成效。

在日常對話中，只要稱呼對方的名字，氛圍就會大不同。與朋友交談時，和一句「那件事進展如何？」相比，「民哲，那件事進展如何？」會讓人感覺更親近、更有溫度。名字的意義不單純只是稱謂而已。那麼，該如何自然而然地稱呼對方的名字，開啟對話呢？

「秀珍，再麻煩妳務必檢查這部分。」

「民宰，你做得很好。」

7 譯註：Rafa，拉斐爾的暱稱。

可以藉由稱呼對方的名字，達到強調的作用或吸引注意力。

「如果不是志勳，這個專案很難完成。非常感謝你。」

「尹智，多虧了你，大家都很開心。」

在稱讚和鼓勵的時候，直呼對方名字更能打動人心。將名字與正面的訊息相連結，會讓人感覺更真誠。

「嗯~聽了秀賢的話之後，我改變主意了。」

「藝琳，接下來妳想怎麼做呢？」

在談話中加入對方的名字也是一個好方法。自然地稱呼姓名，能使對話更加順暢及友好。

「托俊英的福，真的幫了大忙。」

「惠琳，有妳一起我覺得很放心。」

當稱呼對方名字表達感謝時，他們會感覺到和平常不太一樣。然而，稱呼名字的頻率要適當，如果太頻繁，反而顯得不太自然。**重要的是，要有禮貌且清楚地稱呼對方的名字，口吻不要太急躁或敷衍**。

只要稱呼對方的名字，即使只有幾個字，也能改變對話和關係。有時僅僅只是呼喚名字，就能打動對方的心。這是建立更深層關係，並讓彼此在一般日常對話中，也能感到特別的祕訣。

從現在起，試著養成稱呼對方名字的習慣。你將體驗到與他人之間的談話和關係，會變得多麼溫暖和積極。這個小小的變化，將會成為更好關係的開始。

練習 9

回應積極，對話就成功了一半

「總是積極地回應球員，認可他們的努力，並最大程度激勵他們。這就是為什麼球隊在危機時刻也能全力以赴。」

電影《魔球》（*Moneyball*）中，帶領球隊贏得勝利的比利．比恩（Billy Beane）獲得了這一讚譽。他利用數據分析重組了球隊。最重要的是，即使球隊成員只是取得了微小成就，他還是會給予極大回應，並鼓舞他們的士氣。他的回應不僅只是稱讚或激勵，而是具有激發隊友信心和動力的力量。

「那真是一場精彩的比賽。你充分發揮球技，拯救了球隊。」

這句話給予了年輕球員們信心。他的真誠回應，是激勵球員相信自己，並全力以赴的動力。他並不是單純地透過技術指導或數據分析來領導球隊，而是以認可球員們的努力和成長，來引領球隊取得勝利。

「回應」不僅使談話變得活躍、生動，還能給予對方的小嘗試或努力大大的肯定。真誠的回應能幫助對方建立自信，讓他更願意說出自己的意見。在團隊或組織裡能營造出良好氛圍，有助於建立合作和信任的文化。「回應」，能讓對方的一天變得更加美好。

「真的做得很棒。」

「如果沒有你，應該會很難完成。」

像這樣幾句真摯的話語，就能讓人留下深刻的印象。

4 種有效回應，讓大腦產生正面、愉快的體驗

在心理學中，「回應」與「積極傾聽」有著密切相關。積極傾聽意味著注意對

方所說的話，並做出適當的回應。研究顯示，得到正面回應的人會感到被認可，並且在人際關係中有更大的滿足感。

舉例來說，如果朋友說最近找到新愛好，可以這樣回答：「聽起來很有趣！你是怎麼開始的？」這會讓對方有被關心的感覺。反之，如果冷漠地回應：「哦，是喔？」談話很快就會冷場。

回應也會對大腦產生正面的影響。對方真誠的回應會促進多巴胺釋放，讓對話就像是一種愉快而有意義的體驗。那麼，在輕鬆的交談中，該如何有效回應呢？

第一，同理對方

「怎麼會這樣！你一定很辛苦。」如果能理解對方的情緒並做出回應，談話就會變得更加深入。

第二，使用「助興」語氣

「哇，太厲害了！」「真的嗎？」像這樣的簡單回應，可以有效地讓對話延續下去。

第三，提出問題

「你能想到這個主意真是太棒了！是如何策劃的呢？」讚美對方並提出其他問題，能營造出活絡的談話氛圍。

第四，讚嘆對方的話語

「那是你自己做的？真是太厲害了！」像這樣讚嘆的回應，能幫助對方提升信心。

討人喜歡的人，不會將對話視為簡單的訊息交換而已。他們會透過交談來了解對方的情緒，並會積極回應這些情緒，讓雙方關係更加穩固。從今天開始，就用真誠的回應為對話增添溫暖吧。只要一個小小的回應，就能觸動對方的心，並建立起深厚而有意義的關係。回應，將成為讓對話和關係持續閃耀的鑰匙。

練習 10

讓別人好好說完，就是一種了不起的尊重

「啊，我也有過同樣經驗！我的情況是……」

當在聽朋友或同事講述事情時，總是會不假思索說出這樣的話語。然而，這種回應很容易打斷對方說話，且注意力會轉移到自己身上，這樣反而無法延續談話，對方可能會覺得自己沒有受到足夠的尊重。**真正的傾聽，始於不打斷對方，並完全接受他們的情緒和故事的態度**。

心理學家卡爾・羅傑斯（Carl Rogers）曾說過：「傾聽，是人際關係裡最重要的能力。」他解釋說，傾聽在於接受對方的情緒和經驗的態度，進而產生信任和同理心。**傾聽的關鍵，不是單純地聆聽，而是理解和承認對方的內心**。

傾聽是建立信任和同理心的第一步。納爾遜・曼德拉（Nelson Mandela）的故事就是一個很好的例子。他是南非前總統，即使在激烈的種族衝突時期，曼德拉也試圖與敵人溝通，並傾聽他們的故事。他強調**「對話是相互了解的第一步」**，並身體力行傾聽的重要性。曼德拉的態度讓原本的敵對關係轉變為信任關係，對於緩和衝突和矛盾發揮了重要作用。

然而，為什麼我們總是無法讓對方把話說完呢？因為當他人說話時，我們總是在準備接下來要說的話，或是思考其他事情。這會打亂談話的節奏，並讓人無法正確理解對方所要傳達的訊息。在心理學中這被稱為「認知負荷」（Cognitive Load）。大腦同時處理大量資訊的能力有限，因此如果在談話的同時思考許多事情，就非常有可能錯過或誤解對方所要傳達的訊息。

此外，在傾聽的過程如果忍不住批評或給予建議，傾聽的本質就很容易被破壞。

開放式問題，引導對話更深入

傾聽，不單純只是為了安慰說話者。真誠的傾聽會使大腦分泌多巴胺等幸福荷爾蒙，達到減輕壓力、增強信任感及紐帶關係的作用。此外，**傾聽過程中使用的非語言溝通，如點頭或微笑，能帶給對方安全感，有助於提升談話品質**。

傾聽是日常生活中可以輕鬆實踐的小舉動，卻能帶來巨大的改變。只要不打斷對方說話，就能讓他們感覺受到尊重。在對話中，與其說：「原來如此。」不如說：「你應該很辛苦。這過程中最困難的部分是什麼呢？」用這樣具體的方式表達同理心，會更有效果。

提出開放式問題，也能讓對話更豐富、更有意義。像是：「你是怎麼做這個決定的？」這個問題，可以幫助對方更深入地表達自己的想法。

納爾遜．曼德拉的事例，展現了傾聽的力量。他努力透過對話來理解對方的立場，並由此實現了國家的族群融合。在日常生活中，傾聽也能發揮類似的效果。如果朋友向你傾訴煩惱，請試著這樣說：

「你會這樣想一定是有原因的。再多說一些吧。」

朋友可能會非常開心，甚至連你沒問的事情，都會毫無保留和盤托出。

「先求理解，再求被理解。」
真正的溝通始於從對方的立場去傾聽。

第3章

好感度UP！贏得人心的人都重視這些細節

最高竿的溝通，就是讓每個人都成為贏家

「希望你能聽聽我的意見。」

「好的，但也請你重新考慮我的意見，如何呢？」

這簡短的對話不只是意見交流，而是雙方理解彼此的立場，並找到共同的解決方法，是一個雙贏溝通的例子。我們每天與無數人交流，但並非所有對話都能圓滿結束。有時會產生衝突，最終只會以一方受益告終。雙贏溝通是解決此類問題必要的溝通技巧，清楚傳達自己的利益，同時尊重對方的立場，以建立互信的關係。

喬治・荷曼斯（George Homans）的「社會交換理論」（Social Exchange

Theory）解釋說，**人際關係中的互惠行為可以建立信任並加強合作關係**。該理論認為，人們會無意識地計算自己在談話中的行為，是否會引起對方的正面或負面反應。雙贏溝通是這些互惠行為的核心。如果理解對方的立場並提出合作的解決方法，雙方關係就會朝積極的方向發展。

雙贏溝通的典型代表是德國前總理梅克爾（Angela Merkel）。在歐元區債務危機期間，她要求希臘等經濟困難的國家承擔財政責任，同時提供援助以防止經濟崩潰。這是一個尊重對方立場，也堅持自己原則的雙贏溝通的成功範例。

3個條件，實踐雙贏溝通

賀伯・賽門（Herbert Simon）的「有限理性理論」（Bounded Rationality），能幫助我們更容易理解雙贏溝通。該理論認為，人類無法完美地處理所有訊息，因此會嘗試利用有限的資訊和資源做出最佳決策。為了進行雙贏溝通，必須有效地傳達自己的觀點，同時也理解對方有限的觀點和資源。

舉例來說，當一位領導者說：「我們需要花更多時間在這個專案上面。」而如果員工回答：「我也同意，但我們還要考慮哪些事情呢？」這就會促成合作關係，而不是衝突。像這樣的雙贏溝通，可以在理解對方立場的同時，也清楚地表達自己的觀點，並將重點放在共同的目標。

為了實踐雙贏溝通，重要的是——理解對方的感受，保持合作的態度，並使用積極語言。「那應該有難度。你能詳細說明嗎？」這樣的話語展現出尊重和理解對方的感受，並建立信任關係。此外，「您的意見也很重要。但是，這個替代方案覺得如何呢？」這樣換位思考後提出的解決方法，可以提高對話的品質。試著將消極語言轉換成積極語言吧。不要說「這不可能」，而要說「我們找找其他方法，如何呢？」如此一來，就不會激起對方的防衛心。

雙贏溝通不僅能減少衝突，還可以幫助人們找到更有創意、更有效率的解決方法。此外，也強化了相互信任與合作關係，**讓參與對話的每個人都是贏家**。像這樣和諧地融合對方與自己的立場，開啟新可能性的溝通方式，才是雙贏溝通的核心關鍵。

傳達「核心訊息」，避免對話偏離

「那份資料週五前要。」

當聽到這句話時，感覺如何呢？雖然這只是一個截止日期的提醒，但對有些人來說，這可能感覺像是一個命令或壓力，要求他們在截止日期前完成任務。對話，是透過交流建立和發展關係的過程。然而，很多時候卻會被對方扭曲或誤解意圖。誤解會導致衝突、破壞信任並疏遠關係。因此，清晰明確的有效溝通，對於強化協作力是不可或缺的。

人們在非面對面溝通時，像在電子郵件或訊息等文字通訊中，因聽不見對方的語氣，也看不到對方的臉部表情，很容易產生誤解。根據心理學家約翰·史威勒

（John Sweller）的「認知負荷理論」（Cognitive Load Theory），大腦的工作記憶容量是有限的，複雜或不明確的訊息可能會超過容量限制，從而導致資訊處理的速度變慢，並產生誤解。

為了避免誤解，使用簡潔明瞭的語言非常重要。請簡化複雜的句子，並以**「核心訊息」**明確傳達。舉例來說，像是「請進一步說明這一點」，可以幫助對方釐清問題點，並清楚理解訊息。再來是需要積極傾聽和確認。練習專心傾聽對方說話，等對方說完後詢問：「我理解的是這個意思，對嗎？」可以有效確保談話沒有偏離軌道。

保持同理心和認可的態度也很重要。尊重對方的感受，並詢問：「這應該蠻辛苦的。有什麼我可以幫忙的嗎？」可以建立信任並使對話更加順利。

積極傾聽＋確認＝有效溝通

以家人之間的對話為例。當父母告訴孩子「要努力讀書」時，孩子可能會把這句話當作命令或批評。但如果是詢問：「可以告訴我，你覺得哪科比較難嗎？我可以幫忙。」不僅能表達同理心，溝通也會變得較柔和。

在職場協作時，如果行銷團隊說：「我們需要更有創意。」財務團隊可能很難理解他們需要朝哪個方向發展。如果是這樣說：

「我們想要的，是這個方向性的創意。這樣大概可以編列多少預算呢？」

一旦對話有了明確的方向，工作就會變得更順暢。

清晰、富有同理心的溝通，不僅能減少衝突，還可以驅動大腦的獎勵系統，激發正面情緒。能降低對方的防衛心，促進合作，使雙方關係更加牢固。

想要實踐明確的有效溝通，首先要**養成檢視自己說話的習慣**。請避免字詞不明確或過於簡單。

「我的理解正確嗎？」

請練習聽對方把話說完並做確認。開放式問題也能豐富對話。舉例來說，「在那樣的情況下，哪個部分是最困難的呢？」這樣的問題可以幫助更深入地了解對方的想法和感受。另外，保持友善的態度和溫暖的語氣也非常重要。

先求理解，再求被理解

「一定很辛苦。」

這句話表現出同理心和想要理解對方立場的態度。對話不僅僅只是交換資訊的行為，而是一個理解對方感受、分享彼此觀點、建立信任的過程。傳奇的企業組織顧問史蒂芬・柯維（Stephen Covey）在他的《與成功有約：高效能人士的七個習慣》（*The 7 Habits of Highly Effective People*）一書中強調：

「先求理解，再求被理解。」

這策略清楚地展現了減少衝突、加強合作的溝通基本原則。俗話說：「易地思之。」在任何情況下，放下自己的觀點，並嘗試理解對方的觀點是很重要的。然而，現實中卻是經常有人先表明自己的立場，或打斷對方說話，導致對話終止的情況。這不僅會造成衝突，也是信任破裂的主要原因。史蒂芬・柯維也說過：

「真正的溝通始於從對方的立場去傾聽。」

這項原則表明，除了單純地傾聽之外，真正試著理解對方的態度，才是改變關係的關鍵。**當我們試著理解對方時，對話的方向就會從防禦轉向合作，從衝突轉向解決。**

心理學所說的「認知同理心」（Cognitive Empathy），在這樣的對話中扮演關鍵角色。認知同理心是指理性地理解他人的感受，並做出適當回應的能力。這和前面提及的「易地思之」是一樣的道理。舉例來說，當同事在討論專案中遇到的困難時，你可以這樣說：

「你辛苦了。有什麼我可以幫忙的嗎？」

對方可以感覺到自己的感受被認可，並與你形成信任關係。

「試著去理解」，是打破防禦心的第一步

「同理心能夠促進更好的創新。」

微軟執行長薩蒂亞·納德拉（Satya Nadella）就是以「同理心領導力」改變組織文化的代表人物。他傾聽員工的聲音，深刻理解他們的困難，並以此為基礎進行創新。正如他所言，同理心不僅僅是情感支持，還是創造真正改變的力量。這種做法不僅提高了微軟的業績，也讓顧客和員工都感到滿意。

「試著去理解」，是打破對方的防衛心理，並打開合作之門的第一步。

當對方感覺自己的感受被理解時，對話就會朝著更深入、更有意義的方向發展。請試著以傾聽的態度將對方要說的話聽到最後，並提出開放式問題，更深入了解並尊重他們的立場。最後，讓遣詞用句充滿溫暖的語氣和真誠。

禮貌多不嫌怪，更能營造好關係

「你來做」

「可以請你幫忙嗎？」

即使是相同的內容，隨著說話方式的不同，對方所感受到的氛圍和情緒也會有很大的差異。**說話方式不僅僅是傳達訊息的手段，而且是反映與對方關係的一面鏡子**。特別是韓語中的敬語和半語，發揮了向對方表達自己態度的作用。使用得當的敬語可以展現禮貌和關心；恰當的半語可以展現親近的感覺，但有時會引起誤解和衝突。

敬語，是表達對他人的尊重和體貼的基本表達方式。假若詢問上司：「您準備好要開會了嗎？」會顯得恭敬有禮。但如果是：「要開會了嗎？」聽起來有些尷尬且無禮。

從心理學角度來看，敬語有助於建立信任並讓人留下正面的印象。史丹佛大學的一項研究表示，禮貌用語在增加他人合作意願、減少衝突方面發揮了重要作用。使用敬語時，展現正式感之餘，也要傳達真誠和溫暖才能發揮最大效果。

舉例來說，與其說：「請在今天之前完成這件事。」不如說：「如果能在今天之前完成這件事，我會非常感激。」這樣的表達是傳達了合作訊息，而不是請求。這些差異不僅影響談話的結果，也影響關係的品質。

真誠態度能為對話添增溫度

半語展現了親密感，但必須根據情況謹慎使用。在朋友之間使用，意味著雙方彼此相當熟悉且親近，而在要好的同事之間使用，則是可以營造舒適的合作氛圍，但如果未經對方同意使用，也可能會引起不快。想妥當使用半語，同理心和關懷是非常重要的。

心理學家馬歇爾．盧森堡（Marshall Rosenberg）提出的「非暴力溝通」認為，包含同理心和尊重的語言可以減少衝突，增加信任。研究指出，敬語能激發人們的正面情緒，而半語則能營造親密的氛圍，但這一切都取決於真誠和態度。

此外，韓語獨特的敬語和半語結構也反映了社會關係。適當的敬語表現出相互的尊重，而半語則使關係更加親密。如果使用得當，能使人際關係更加深厚且豐富。舉例來說，主持人姜虎東在綜藝節目中主要使用半語，但他透過稱讚他人的貢獻和體貼他人，建立了積極的形象。在日常生活中，我們也可以透過簡單的改變來改善說話方式。不要說：「你來做。」而要說：「可以請你幫忙嗎？」這樣聽起來會更柔和。

敬語和半語不僅僅只是選擇說話方式的問題，而是與他人建立關係的重要工具。敬語可以展現品格和關懷，而半語則是展現親密和舒適。

如果根據情況適當使用，對話將會變得更加溫暖且更有意義。

比起指責，「我訊息」才能讓問題聚焦

「你為什麼總是遲到？」

當在等待遲到的朋友而感到生氣時，我們總是會指出對方的行為，來表達自己的感受。然而，這種指責性的語言只會讓對方產生防衛心理，增加衝突的可能性。

當情緒激動時，試著使用「我」而不是「你」。如果這樣說：「你遲到我會感到不安。」對方就會理解並更柔和接受你的情緒。

這就是**「我訊息」（I-Messages）的力量**。「我訊息」是一種著重表達自我感受，就事論事的對話方式。

不批評也不指責他人，只陳述事實並清楚表達自我看法，以防對方產生防衛心理。在心理學家湯瑪斯・高登（Thomas Gordon），以養育幼兒及國小生的父母為對象的《父母效能訓練》（*Parent Effectiveness Training*）訓練方案指出：「我訊息」被認為是重要的溝通工具。高登說：

「有效的溝通始於誠實地表達自己的感受，並幫助對方理解，而不是責備或命令對方。」

不要指責對方：「你為什麼話這麼多？」可以說：「你說話時，我很難找到插話的時機。」這樣對方就會意識到自己造成了不便，並努力改進。

重點在於找到解決之道

「我訊息」之所以重要，主要有三個原因。

第一，緩解衝突，建立信任

當分享自己的感受而不是責怪對方時，他們更有可能以開放的態度，而不是防禦的態度參與對話。

第二，減輕壓力，提升心理安全感

研究表示，當表達自己的感受而不責備對方時，說話者感到的壓力較小，而聽者也會更積極參與對話。

第三，培養解決問題的能力

透過清楚地傳達衝突情況下的感受和情況，對話參與者可以掌握真正的問題核心，並共同努力尋找解決方法。

這種方法也可以應用在日常生活中。在職場上，因團隊成員不配合而感到壓力時，不要指責說：「都是你耽誤了工作。」可以試著說：「我感受到了按時完成任務的壓力，我希望能夠更有效地合作。」對方會努力釐清問題，找到解決方法。

親子對話中，當孩子沒有遵守時間時，我們很容易說出：「為什麼你總是違反約定？」但如果試著這樣說呢？

「如果你不遵守承諾，我會感到很擔心。」

孩子將意識到自己的行為對父母有什麼影響，會盡力採取負責任的行動。

為了有效地使用「我訊息」，請牢記一些原則。

首先，表達具體的感受。

舉例來說，「在等你的時候，我感到難過和擔心。」將自己的感受和情況連結起來敘述，可以減少衝突並建立同理心。

再來，追加一個積極的請求。

當你說：「希望下次可以遵守時間。」對方會感覺到談話的重點是尋找解決方法，而不是責備。

最後，保持談話的語調溫柔而真誠。溫暖的語氣能使談話氛圍更加正向且積極。

暴怒時，最好先停格15秒

「你必須立即解決這個問題！」

「等一下，你別激動，慢慢說。」

「不是啊，這種情況下我怎麼保持冷靜？」

在壓力下，人們很容易被情緒左右。越是這樣的時刻，一句平靜的話語往往就能成為解決問題的關鍵。平心靜氣處理狀況的說話語氣，是安定自己和對方情緒的強大工具。

我們都知道，「說話」不僅只是一種溝通方式，還具有調節情緒和解決複雜狀況的力量。

當壓力達到頂點，**情緒失控時說出的話語可能會破壞人際關係，讓事情變得更加難以收拾**。反之，平靜的語氣可以穩定自己和對方的情緒，並提供解決問題的線索。

在臉書的發展過程中，馬克．祖克柏（Mark Zuckerberg）面臨無數的挑戰和批評。儘管面對投資者的壓力、用戶隱私爭議以及對手的激烈競爭，他始終表現出冷靜而富有洞察力的溝通技巧。當投資者在會議上提出平台存在嚴重安全問題時，他沒有陷入情緒化的狀態，反而這樣回答：

「我們正在深入分析這個問題，保護用戶資料是我們的首要任務，我們將在三週內提出具體的強化措施。」

其冷靜、專業的態度，讓投資者看到了公司在關鍵時刻的危機處理能力。

想解決問題，就從情緒開始

「我現在很生氣。我們先心平氣和地談談吧。」

與其壓抑，不如像這樣承認並表達自己的情緒，更能有效減輕壓力。哈佛大學正向心理學家尚恩・艾科爾（Shawn Achor）強調，積極語言可以減輕大腦產生的壓力反應，提高解決問題的能力。若是處在壓力的情況下，先問問自己：「要如何一起解決這種情況呢？」像這樣的合作性問題有助於緩解談話中的緊張氣氛，並對解決問題保持正面態度。

平靜的語氣不僅能穩定自己的情緒，也會對他人產生正向的影響。越是緊急的情況，「現在一起專注於尋找方法吧」這句話，可以讓對話朝著正確的方向發展。

壓力越大，就越需要覺察並承認自己此刻的感受。請冷靜說話，專注於解決問題。

道歉不是軟弱，而是修復裂痕的成熟作為

某一位演員的「假演戲」言論，以及隨後的道歉軼事，被認為是真誠溝通和相互尊重的重要案例，而備受矚目。這展現了跨世代溝通、對藝術的尊重和真誠道歉的療癒力量。

「平常和演員朋友聊天時，很容易說出不成熟的話語，而這句話確實很容易引起誤解。」

在對自己的舞台經歷發表了無禮的評論後，他立刻向批評自己的前輩演員寫了封親筆信，表達了深刻的反省，展現了真誠溝通的典範。

真誠的道歉可以治癒受傷的關係，修復衝突之間的裂痕，並建立相互理解和尊

重的橋樑。此外，真誠的道歉是個人成長和成熟的重要指標。那位演員寫親筆信向前輩演員道歉的行為，不僅證明了自身的專業性，也體現了他的人格成熟度。

這種真誠的道歉有助於營造相互尊重的文化。他們的案例說明了跨越世代和資歷，相互尊重和理解的重要性。這也是展現高情商，即調節自己的情緒，理解他人的感受，遇到問題能隨機應變的最佳案例。

這件軼事也向韓國社會傳遞了深刻的訊息。真誠的道歉是修復關係、促進個人成長，以及讓溝通更順暢的重要社會工具。**道歉不是軟弱的表現，而是力量和成熟的證據，也展現了真誠溝通的重要性**。

4個道歉方式，讓關係變得更緊密

很多人覺得道歉很困難，這是因為他們認為承認錯誤是貶低自我、有損威嚴的事情。特別是在社會關係中，道歉有時被誤解為失敗或示弱。但從心理學觀點來看，道歉是有益處的。也就是說，承認錯誤並承擔責任的行為，是建立信任和尊重所必需。

根據心理學家羅伊．鮑梅斯特（Roy Baumeister）的研究結果，人們都想保持自己積極正面的形象。承認錯誤會損害自己的形象，因此本能啟動了迴避的防禦機制。但是，**道歉是恢復關係最有力的工具之一**。如果錯誤的語氣或行為傷害了對方，用適當的方法道歉，反而能提升與當事人之間的信任度。

不想道歉的態度是因為「認知失調」（Cognitive Dissonance）在作祟。人們總是相信自己是正確的，因此當錯誤的行為和這種信念產生矛盾時，會感到不舒服。而為了消除這種不舒服的感覺，就會合理化錯誤，堅稱自己沒有錯，以迴避道歉。雖然合理化自己的行為可以瞬間感到安心，但會對關係產生長期的負面影響。那麼，有效的道歉方法有哪些呢？

第一，立即道歉

道歉的時機尤為重要。問題發生後立刻道歉，能更有效地挽回對方的心。時間拖太久會被懷疑真實性，甚至讓人覺得是在挑釁，或是舊傷疤再次被掀起。

第二，真誠道歉

只要一句「我錯了，真的很抱歉」就是傷口癒合的開始。這裡重要的是——不找任何藉口，直接承認錯誤。在道歉後加上「但是」或「不過」為自己辯解，會讓人懷疑是否真心。因為對方想聽到的不是藉口，而是你的誠意。

第三，具體道歉

「那時我對你生氣，讓你不開心了吧？我真的很抱歉。」像這樣明確指出自己的錯誤並道歉，對方就會知道你確切了解問題所在，有深刻體會到他的感受。

第四，展現解決問題的意志力

道歉不是只有單純的一句對不起而已，如果再加上一個具體的承諾，例如：「下次我會更加小心。」對方就會感覺到你是真心地想要改變。道歉不僅可以修復關係，還可以建立信任感。

說「對不起」並不只是一種禮儀，而是開始一段新關係的重要第一步。道歉可以療癒對方的傷口，消除誤解和隔閡，建立更深厚的關係。

由衷的稱讚，會造就良性循環的互動

「你的表演太棒了。那場戲如果沒有你就無法完成了。」

在接受採訪被問及電影成功的祕訣時，演員布萊德．彼特（Brad Pitt）回答：「這都是團隊合作無間的結果。」並真誠地感謝了其他演員和片場工作人員的貢獻。他以毫不吝惜稱讚後輩演員而聞名。這樣的態度是贏得同行演員信任和尊重的重要因素。

「如果沒有我們團隊的每一位成員，這次歷史性的巡迴就不可能實現。」

世界著名流行歌手碧昂絲（Beyoncé）在巡演圓滿落幕之際，向所有參與「文藝復興世界巡迴演唱會」的工作人員和舞者們表達了衷心的感謝，並贈送了禮物。

「他不僅僅是一位演員，他是我的藝術夥伴。」

電影導演馬丁・史柯西斯（Martin Scorsese）在公開訪談中，稱讚了他的長期合作夥伴勞勃狄尼洛（Robert De Niro）。兩人合作了數十年，共同創作了《計程車司機》（*Taxi Driver*）和《四海好傢伙》（*Goodfellas*）等影片，他們之間關係深厚，彼此信任、尊重和欣賞。

這種對認可的渴望心理也可以用「社會比較理論」（Social Comparison Theory）來解釋。心理學家費斯汀格（Leon Festinger）認為，人們傾向於與他人進行比較，以評價自己的能力和價值。在這個過程中，積極的回饋或認可，對於強化自我概念和形成正向的自我評價，發揮了重要作用。

如果對專案團隊成員說：「你發揮了非常重要的作用。沒有你，我們不可能產出這樣的成果。」對方聽了會有什麼想法呢？這將會是一次超越個人滿足感，再次積極確認了自我定位的經驗。**認可，會讓人感受到自己在社會上的存在價值，進而**

激勵他們取得更多成就。

這說明了認可對方的作用和價值，可以大大提升他們的積極度和信心。但令人意外的是，有許多人吝嗇於認可他人的成就。「如果我先認可，感覺像是在示弱」或「這會不會讓自己看起來太自以為是？」這種想法更是助長了這樣的態度產生。會有這種想法，可能源自於個人的恐懼或自尊心。可以肯定的是，這樣的態度會在人際關係中築起一道高牆，阻礙紐帶的建立。

另外，認可的話語會向對方傳達「你很重要」的訊息，並加強雙方之間的信任。受到認可的人能確認自我價值，讓自己更有動力，這就形成了積極互動的良性循環。

表示認可，改善關係的3個眉角

認可他人的說話方式，是改善關係和建立信任的強大工具。根據心理學家約翰・高特曼的研究，當積極互動比消極互動多五倍時，一段關係便能更穩定、更幸福。這不僅僅意味著要多說好話，而且展現了認可且具體提及對方的貢獻和優點有多麼重要。那麼，有哪些表示認可的說話方式呢？

第一，具體地認可對方

不要只是單純地說「做得好」，可以說：「你的總結能力在這次演講中非常突出。多虧了你，聽眾才能清楚理解內容。」給予像這樣具體的讚美。稱讚可以幫助對方感覺到自己的努力更有價值。

第二，再小的努力也要認可

像這種「任何人都可以做到」的想法，對一段關係完全沒有幫助。即使貢獻再小，也請讚美對方吧。試著這樣說：「謝謝你今天打掃。多虧有你，家裡乾淨多了。」一小小的認可會讓對方的一天變得特別。而且你所給予的讚美，最終會回到自己身上。

第三，在正式場合認可

在正式場合認可對方的貢獻，不僅可以與對方，甚至是周遭人建立信任感。可以試著這樣說：「這成果是大家合作無間的結果。特別是你的分析能力，發揮了非常大的作用。」

簡單而不敷衍的附和，就能讓人足感心

「那真是個好主意，請繼續說！」

著名節目主持人艾倫．狄珍妮（Ellen DeGeneres）以能抓住受訪者的心的主持風格而聞名。在傾聽受訪者說話時，她會應聲附和，積極回應，使對話的節奏自然又流暢。「真的嗎？請你再更詳細地講述那個部分。」透過這樣的話語，展現出對他人的關心，營造舒適的氛圍。這樣應聲附和的說話方式，成為了她受大眾喜愛的魅力。

應聲附和可以豐富對話，並向對話對象傳達「我有認真在聽你的故事」的訊息。

許多人在談話時都會忽略了應聲附和。「不覺得有點誇張嗎？」或是「我寧願

說出自己的想法，也不願只是當應聲蟲而失去存在感。」這些都可能是忽略附和的原因。然而，這種態度會使談話變得像是單方在唱獨角戲，給人留下了對他人漠不關心的印象。

如前面所提及的希望理論，也可以與人們渴望被認可的欲望相連結。該理論解釋，以目標為導向的動機和積極的回饋，強化了個人的希望和自我效能感。而在人們設定目標並努力實現的過程中，周遭人的支持和認可非常重要。

「這個專案真的讓你成長了不少。我相信下一個階段你也可以做得很好。」

像這樣的回饋可以激勵對方相信自己並繼續前進，懷抱更大的希望，並朝著設定的目標邁進。因此，認可他人的價值並用言語表達，將超越善意，成為實現目標的動力。

附和內容越具體，讓人感覺越真誠

應聲附和並不只是「啊、對」這樣沒有靈魂的回答。**恰當而真誠的附和可以豐富對話，並給對方留下「我專注於你」的深刻印象**。那麼在談話中，要如何溫柔地應聲附和呢？

「真的嗎？你那時一定很辛苦。」

同理他人感受的附和語言，可以讓談話變得更加溫暖。這向對方傳達了安慰和支持，並開啟了深入對話的大門。

「哇，真是有創意的點子。我從來沒想過還有這種方法。」

比起簡單一句「很好」，附和的內容越具體，讓人感覺越真誠。這會讓對方相信「這個人正在聽我說話。」

「哈哈，真是太好笑了！你說話怎麼這麼有趣？」

用幽默來回應輕鬆的玩笑或有趣的故事，可以使談話氛圍變得更加歡快。笑聲可以緩和談話的緊張感，讓氣氛變得更加活躍。

「原來如此！那接下來你會怎麼做呢？」

應聲附和對於開啟新話題非常有效果。不要只是單純表示同意，試著從對方的談話中找出新話題或問題，會讓對話更有深度。

為了做好應聲附和，真誠的關心和傾聽非常重要。請仔細聆聽對方所說的話語，並掌握談話的核心訊息和情緒。應聲附和不僅是單純接受對方說的話，而是**賦予對方話語價值**，讓對話變得更加豐富的技術。

當朋友說：「最近事情太多了，真的好累。」可以這樣鼓勵他：「應該很累吧。不過，也正是因為你做的事情是如此重要。」朋友會覺得自己的努力得到了認可，也會非常感謝你的貼心。

提出請求時，態度和內容一樣重要

「這些政策是為了改善所有人的生活，請大家一起努力，拜託了。」

在一九三〇年代大蕭條期間，美國經濟嚴重衰退。時任總統的富蘭克林・羅斯福（Franklin Roosevelt）為了振興經濟，決定推行一系列「新政」（New Deal）計畫。然而，他並不是一下子就得到了國會和人民的支持。

不過，羅斯福並沒有採取強硬態度，反而透過「爐邊談話」（Fireside Chats）的廣播演講，直接與人民溝通。他以友好、禮貌的語氣闡述了新政的必要性和目標，請求廣大人民給予理解和支持。

這種做法有助於贏得人民的信任，國會也逐漸開始轉而支持。最終「新政」得以成功實施，並對美國經濟的復甦發揮了重要作用。這個案例展現了禮貌而真誠的請求，對於爭取人民支持和合作是多麼有效。

3個關鍵，大幅提高接受機率

難以提出請求和要求的原因有很多，像是擔心自己的請求會帶給別人負擔，或是害怕被拒絕帶來尷尬和失望而開不了口。另一個讓人猶豫不決的原因是，認為「請求幫助會顯得軟弱」。

根據心理學家亞當．賈林斯基（Adam Galinsky）的研究，**人們對請求的回應，往往比我們想像的要積極得多**。但請求者卻低估了這一點，因此總是為了不必要的負擔感而放棄請求。

重要的是——請求的態度，也就是說話方式。成功的請求包含了幾個關鍵要素：不要只是以「拜託了」結尾，應該用考量對方立場的說話方式進行對話。請求他人幫忙時，有許多表達方式。

「請協助處理這個專案。」

↓

「如果您能花費約兩個小時協助處理這個部分，真的對我會有很大幫助。」

一、請求時要具體明確。具體的請求可以讓對方清楚知道要做什麼，以減輕負擔感。

「這個要拜託你了。」

↓

「我認為您的經驗對於解決這個問題會有很大幫助。」

二、從認可對方的優點開始。如果在談話開始時就認可對方的價值，那麼對方就更有可能會積極地接受你的請求。

「這個工作需要你來做。」

↓

「我們一起合作完成這個工作的話，應該會有很好的成果。」

三、強調互惠互利。使請求看起來像是合作關係，會非常有效果。

最好在每個請求的結尾都加上一句「謝謝」或「感激」，當請求被拒絕時也是一樣。如此一來，對方會感受到你的真誠，就能提高接受請求的機率。

為了提出有效的請求，最重要的是，要先清楚了解自己的需求。具體而明確的請求，比模糊的請求更能減輕對方的負擔。另外，請考慮對方的處境及立場，換位思考溝通是基本的。

NOTE

複雜的表達會造成誤解，無用的言語會削弱信任。

第 4 章

體貼他人、讓溝通更有效率的技巧

表達3關鍵，讓聽者提高30％的理解力

「昨天會議有個提案……就是那個第一項。進展如何？」

請想像被問到這個問題的人，他的表情應該看起來心慌意亂，一臉困惑吧？雖然可以猜到提問者想要問什麼，但卻不清楚具體詢問的內容，因此很難回答。在這種情況下，也因為無法立即回答，只能開始回憶當時開會的情況，重新整理問題。

「昨天會議上討論的第一個提案，預算分配案進行得怎麼樣？」

如果這樣提問，對方很快就能瞭解提問的意圖，並立即提供所需的資訊。

在日常生活中也要明確對話。舉例來說，回想一下你和朋友之間的對話。

「上次說的那間餐廳。你預約了嗎？」
「你說哪間餐廳？我不知道你在說什麼。」
「啊，那個……弘大不是有間日本拉麵店。我們之前說好要一起去的。」

如果一開始就明確說出「弘大的日本拉麵店」，對方就能立刻理解並回應。我們**每個人都需要，站在對方立場再次思考的小努力**。這種體貼有助於減少不必要的誤解或不便。最終，每個人都能更有效率地利用時間。

說話明確，溝通才更有效率

明確表達不僅僅是一種說話技巧，更是能幫助對方容易理解說話者的意圖，並快速回應的強大溝通工具。這在職場上尤其重要。主播孫石熙就是在職場上展現了明確表達重要性的代表人物。作為一名新聞主播，他將複雜而龐大的資訊，以簡潔明瞭的方式呈現給社會大眾，展現卓越的能力。

「這個問題不僅關乎股價波動，還會影響未來產業結構的發展。」

他不僅只是在傳遞訊息，而是贏得人民信任，並明確地揭示了訊息的本質。在報導政治議題或社會爭議時，他排除了主觀看法，只以客觀事實為中心整理論點。

他的播報方式簡潔明瞭，並用觀眾容易理解的方式傳達訊息。其方式也非常符合心理學的「社會資訊處理理論」（Social Information Processing Theory）概念。該理論強調，明確一致的訊息，能讓人們在接收時，更有效地理解資訊內容。明確的說話方式，能清楚整理欲傳達的資訊，減少誤解風險。這有助於對方快速且準確地理解訊息，進而提高信任度和說服力。

想要講話清晰又明確，請記住三件事：「關鍵傳遞」、「具體表達」，和「自信語調。」

首先，**刪除不必要的字詞，只傳遞重要訊息**。與其說：「請為明天的會議做好準備。」不如說：「請為明天上午十點的會議準備好簡報資料。」這樣更能清楚地表達希望對方採取的行動。

自信的語調會讓訊息更有說服力。不要說：「往這方向試試會不會比較好呢？」可以說：「如果往這方向進行，成功的機會就會更大。」這能提升聽者對說話者的信任度。

明確的說話方式是提高談話品質，讓溝通更有效率，關係變得正向的強大工具。根據心理學研究，**用字遣詞明確、具體的報告文件，平均可以提高讀者三〇%以上的理解力**。從今天起，就開始練習用具體的表達方式和自信的語氣說話吧。

簡單、直觀、說重點，就能強化訊息

「請在今天下午五點之前提交這份文件。」

成功的溝通，從簡潔開始。複雜的說明會造成混亂，不必要的修飾會弱化訊息。反之，簡潔的語言可以精準傳達意圖，進而提升信任度和效率。簡潔的語言在職場上更能發揮強大的力量，在協作和解決問題方面發揮了重要作用。

複雜的表達會造成誤解，無用的言語會削弱信任。反之，簡單、直觀的表達，才能贏得信賴。「我們下週前完成這個專案吧。」像這樣只說重點，對話就會變得更清晰，對方也能立刻理解。

簡潔並不只是單純意味著減少話語，而是需要在對方腦海中描繪出一幅清晰的

畫面。在開始說冗長且複雜的話語之前，請先想一想：

「我想說的重點是什麼？」

然後，**試著用一句話來總結**。如此一來，就能瞬間體會到什麼是「一句話贏得信任」。在時間管理極為重要的職場上，「講重點」尤其重要。

「會議三點開始，請提前十分鐘做好準備。」

簡單的指示可以減少不必要的問題，並提高工作效率。這也減少了誤解和衝突，並幫助所有人朝著同一方向前進。

聚焦在核心訊息就好

根據心理學家喬治・米勒（George Miller）的「神奇數字理論[8]」，人類的工作記憶一次只能處理大約七個訊息。複雜的句子會使工作記憶超載，導致訊息被扭曲或忘記。反之，簡單的句子可以減少工作記憶的負擔，更容易記住和理解訊息。

演員李瑞鎮在綜藝節目中，以聰明簡潔的說話方式展現了掌控節奏的實力。當其他出演者開始胡鬧並偏離主題時，他會用一句話將大家的注意力拉回到當下：「讓我們從這個開始吧。」他直率的態度和判斷力贏得了觀眾的信任，也提高了節目的完成度。

「iPhone集手機、音樂播放器和網路於一體。」

賈伯斯（Steve Jobs）用一句話讓科技變得淺顯易懂，也展現了有效簡報的典範。

8 譯註：米勒在一九五六年發表的論文《神奇的數字：7±2》（*The Magical Number Seven, Plus or Minus Two: Some Limits on Our Capacity for Processing Information*）研究指出，平均而言，人類短期記憶容量大約只有七個項目，加減二則是容許的可能範圍。

那麼，要如何練習說話簡潔明瞭呢？首先，**要傳達訊息的核心重點**。

舉例來說，如果直接講重點「請在下週五前提交報告」，對方就能更快速地理解訊息。

重要的是，縮短冗長的說明，用一兩句話總結。像是「請在會議前分析這些資料」這樣簡短、明確的句子，可以確保對話的訊息一致。

另外，**減少不必要的修飾語**，保持聲音和姿勢的穩定性也是有效果的。與其說：「我的想法是……」不如說：「我認為必須這麼做。」以建立信心。

最後，**重複重要資訊**。舉例來說，「截止日是週五。我再說一遍，週五就是截止日。」像這樣強調核心內容，對方就不會忘記。

柔和好過嗆辣，更能推進關係

「下次要做得更好。」

「這次也辛苦了，只要再修正一下，就更加完美了。」

兩句話的內容相似，但聽者卻有完全不同的感受，後者聽起來比較溫暖且積極。這正是「緩衝語句」帶來的差異性。

「為了這一刻，每個人都已經竭盡全力。只要再努力一點，就能取得引以為傲的成績。」

緩衝語句是一種在字詞和表達之間**增加柔和度**的緩衝劑。世界級的流行歌手泰勒絲（Taylor Swift），以不直接批評的態度而廣為人知。即使在演出中遇到問題，她也能積極解決。她的態度一直是團隊保持高昂士氣並取得更好成績的動力。

越柔軟越強大的4個理由

緩衝語句是一種強大的工具，可以不傷害感情，有效地傳達想說的話語。特別是在處理衝突狀況或敏感話題時，能發揮真正的價值。這不僅僅是單純的禮貌表現，從心理學角度來看，緩衝語句與「以關係為中心的溝通」有著密切的關聯。**當人們受到批評或指責時，往往會不自覺地為自己辯護。這時，緩衝語句可以幫助緩解防禦機制，更有效地傳達訊息。**

舉例來說，如果電影製作人在拍攝過程中覺得演員的演技有問題時，直接說：「不要這樣演」，像這樣指責的話，演員可能會感到被冒犯。但如果是這樣建議：「這部分這樣表現的話，畫面會更有張力。你想試試嗎？」演員可能就會更有意願改進自己的表演。

像這樣的緩衝語句，可以緩解衝突，並使對話朝著更積極的方向發展。緩衝語句有四個優點。

第一，緩解衝突

嚴厲或直接的言語，可能會讓對方感到緊張。緩衝語句可以緩和這種緊張氣氛，使對話順利進行。

第二，改善關係

溫和的表達方式會讓對方感到被尊重。這有助於建立信任與合作關係。

第三，保持自信

輕聲說話不只是為了別人，還具有在明確傳達自己意圖的同時，也減輕心理負擔的效果。

第四，提高生產力

當用柔和的語氣提出自己的意見時，對方會更積極地配合，也能更快速解決問題。

緩衝語句能使談話變得柔和，具有增進正向關係的強大力量。一句話可以加深關係，也可能讓關係變得尷尬。從今天開始，試著在對話中加入具有緩衝效果的緩衝語句吧。你的一句話，會為對方留下溫暖的印象，成為推進關係的種子。

回饋得具體、實用，才能真正激勵成長

「組長，我負責的這個專案，不知道做得好不好。」

「做得很好。」

「哪個部分呢？」

「就……都很好。」

這種談話在職場上很常見，但膚淺的回饋並不能真正幫助對方。具體而實用的回饋，才是幫助他人成長、提升團隊績效的重要技巧。

具體而明確的回饋，比單純的讚美或模糊的建議，更有利於個人和組織的發

展。

「你對這個專案的分析非常出色。尤其是A部分，非常有幫助。下次針對B部分，如能再具體說明會更好。」

無論是在工作方面，還是團隊合作或個人成長方面，回饋都是必要的。為了給予有效回饋，重要的是——**平衡正面回饋和負面回饋的比例**。如此一來，接受回饋的人就能明確了解前進的方向，不會產生防禦心理。

接受回饋時的態度也很重要。像「是的，我明白了」這樣簡短的回答，可能顯得有些消極；「謝謝您的建議，我以後會更加留意。」像這樣表達感激和改進意願的回答，會更有效果。對於他人給予的回饋保持正面態度，會使人看起來具有極大的成長潛力。從長遠來看，對職業生涯也會產生正面影響。

有意識地調整行為

回饋不僅影響個人的成長，還會影響團體文化的改變。積極、明確的說話方式，可以建立團隊合作基礎的信任，即使面對衝突，也能順利解決並激勵團隊成員。這不僅提高了工作效率，也提升了溝通力。

根據「回饋迴路」（Feedback Loop），回饋可以幫助個人識別自己的行為結果，並在此基礎上調整行為。舉例來說，當學生從老師那裡收到有關考試成績的具體回饋時，他們可以調整學習策略，以獲得更好的成績。

另外，正向回饋也能激勵重複行為。「這次簡報非常清晰且具有說服力。」像這樣的話語可以激勵對方重複出現正向行為的欲望。回饋為行為指引了方向，並在提高績效方面發揮了強大作用。

有著「塑身衣代名詞」之稱的Spanx，其創辦人莎拉・布蕾克莉（Sarah Blakely）認為：回饋是「最棒的禮物」，並以此持續發展自己的管理風格。

她根據員工和客戶的回饋改善產品和服務，將Spanx發展成為一個全球品牌。這是一個說明回饋如何為企業和個人帶來正面改變的成功案例。

「這份報告的數據整理得很詳細，尤其是視覺化的資料非常有說服力。」具體的回饋對於建立信任非常有效果。這會讓對方感到被認可，並激勵他們表現得更好。反之，模糊的回饋可能會導致衝突或混亂。

為了有效給予和接受回饋，使用具體和積極語言非常重要。請練習如何**「平衡回饋」**，認可對方成就的同時，也明確指出需要改進的地方。

「很好。」

↓

「這份報告以視覺化的方式呈現，讓數據更清晰易懂。」

「做得好。」

↓

「這部分如果能補充一些量化數據就完美了。」

「知道了。」

↓**「謝謝。下次會更充分準備。」**

回饋提供了一個了解彼此觀點，並朝著更好方向前進的機會。這不僅能為個人，而且也能為整個團隊帶來正向的改變。

言行明確一致，自然慢慢累積信任

「這個人說話真是前後矛盾。」

「為什麼？」

「昨天說這件事不要拖延，但今天卻說之後再做。」

在日常對話中，常常會因為**「不一致的溝通」**而導致信任瓦解。相反地，說話具有一致性的人，就能贏得對方信任。一致性的說話方式，是建立信任的基本要素。人們對言行一致的人更有好感，與他們交談也更為自在。

舉例來說，如果一個人的價值觀和目標能保持一致，那麼他說的話大家就會願意聆聽，也更具有說服力。一致性並不是指重複講述同一件事，而是在談話過程中自然地透露自己的信念、目標和身分。

德蕾莎修女（Mather Teresa）一生致力於服務窮人和病人，不斷傳遞「幫助窮人的愛」這一訊息。她不僅用言語，還用行動實現此一信念，贏得了全世界人民的深刻信任和尊重。她在日常生活中實踐自己所強調的價值觀，並保持謙遜和奉獻的態度。她親自照顧無家可歸者和窮人，並向需要治療的人伸出援手，盡所能減輕他們的痛苦。她所傳達的訊息並不僅止於「幫助」，而是啟發了全世界的無數人。

德蕾莎修女的故事就是一個很好的例子，說明言行一致如何提升信任，讓訊息更有說服力。她始終如一的愛與奉獻的態度，為許多人樹立了榜樣，人們永遠記得德蕾莎修女是一位傳遞希望和感動的代表人物。

心理學中的「互惠原則」（Reciprocity Principle），強調一致性在建立關係中扮演著重要角色。人們傾向自己得到多少，就回報多少給他人。換句話說，以尊重和一致性的態度對待他人，對方就有可能用同樣的態度回敬。

傳遞可預測且值得信任訊息的人，更有可能在社會、職場和個人關係中獲得更多的信任和支持。和反覆無常、前後矛盾的人相比，人們更信任態度和行為明確一致的人。

花式滑冰選手金妍兒就是一個典型的例子。在她的訪談中，她總是強調努力和真誠的價值。這是她的人生哲學，並且她也將之真正落實於自己態度和行為之中。

身為世界頂級選手，金妍兒展現了不斷挑戰、不斷提升自我的精神。她強調的努力和真誠並不只是嘴上說說而已，而是在準備比賽的過程、訓練，以及對話中都身體力行。這種一致性和真誠性，使她成為一個時代的榜樣。

反覆確認，也能確保一致性

一致性始於自身的價值觀和目標。在對話中，重要的訊息應該在一開始就明確傳達，並且在實踐上也保持一致的方向性。如果一位領導者不斷強調「承擔責任並完成分配的任務非常重要」這一訊息，那麼他自己也必須透過行動來實踐這一點。說「守時很重要」的人，就要展現自己守時的模樣。

在談話過程中，確認自己的訊息要如何傳達給對方也很重要。「有理解我說的內容了嗎？」這樣的詢問，可以幫助減少誤解並強化訊息一致性。在對話中，核心訊息要反覆強調兩次以上，這樣會更有效果。**以一致性溝通傳達重要訊息的人，能贏得對方信任，並使關係更加緊密**。

一致性溝通可以建立信任和關係的基礎。一個價值觀和目標始終保持一致的人，會獲得周圍人的支持，且更具有說服力。一致性訊息不僅只是單純地重複，而是能在對話中展現自己的身分和信念，這會讓你成為一個更值得信賴的人。

留意說話的「黃金時間」，使效果最大化

「這個可以說嗎？」

「怎麼了，是重要的事情嗎？」

「嗯……現在好像太不適合談這件事。」

在談話時，有許多時候會感到猶豫不決。即使是相同的內容，在適當的時機可以創造機會，但如果是在不對的時機，可能會失去機會，甚至引起誤會和衝突。對的時機可以最大化提高說話的效果，這是對話中的重要因素之一。適當時機的一句話語，可以打動對方的心，並為解決問題提供線索。相反地，即使是再正確的話

語，在不恰當的時機說出，也會適得其反。**說話要懂得看場合和時機，這不僅是一種溝通技巧，也是維持健康關係的關鍵**。在公司聚餐時活躍氣氛的一句話，或在聚會上傾聽對方說話，自然地與其他人交流的態度，都是選對時機的好例子。反之，在悲傷的場合講一個破壞氣氛的笑話，或在嚴肅的會議中提起個人故事，都是時機不對的負面例子。

掌握好時機，也是重視他人的體現

在心理學中，時機被認為對人類的情緒和決策有很大的影響。根據阿莫斯・特沃斯基（Amos Tversky）和丹尼爾・康納曼的「展望理論」（Prospect Theory），人們接受訊息的方式因情況而異。當處於正面狀態時，往往能夠更有效地接收訊息。會議時，如果能同時結合讚美和建議，訊息就更容易被理解。反之，**在負面情況下，傳遞訊息的時機，比訊息本身的說服力更為重要**。

如果在主管疲憊或壓力大的狀態下提出重要提案，該提案極有可能會被駁回。

這種時候，最好先觀察主管的狀態，在他方便的時間提出。當主管有空時可以這樣說：

「我有事想和您談談。請問什麼時候比較方便呢？」

如果在同事忙碌時開口請求幫忙，他可能會感到負擔。最好是在休息時間或下班後，再與同事聯絡比較恰當。

「你有空時，我們可以聊聊嗎？」

這種方法展現出尊重他人的感受和處境。**掌握好時機不僅是良好溝通的技巧，也是一種理解對方狀態、尊重對方感受和處境的態度**。

謹慎選擇恰當時機說話的人，會給別人留下體貼和尊重的印象。只要懂得掌握好時機，就能減少衝突並營造合作氛圍。掌握正確時機，可說是有效溝通和建立健康人際關係的重要技能。

正向暗示，真的會帶來成功

「今天這件事會很辛苦。」

「但我們能做到。試試看吧。」

「可以嗎？好啊，試試看！」

我們每天說出口的話語，塑造了自身的思想、態度，以及生活結果。「我做不到」這句話，會讓人躊躇不決；「我做得到」則會讓人激勵自己成功。成功人士透過在自己和他人心中植入正向種子的說話方式，來創造更好的結果。正如當今許多領導者和成功人士所證明的，**成功的第一步始於說話方式**。

成功的話語，是一種建立自我信任、強化目標思維，並賦予他人動力的強大語言。積極、明確的話語，可以改變行為並帶來成功。

面對失敗，更要積極對自己洗腦

「每當失敗一次，我就會變得更強大。」

麥可・喬丹被認為是有史以來最偉大的籃球選手，但他的成功是經歷過無數的失敗和挫折，才得以實現。在他的職業生涯中，他曾無數次在關鍵時刻投籃沒進，導致球隊敗北。但喬丹不害怕失敗。他運用了**「正向自我暗示」**且嚴格監督自己，將失敗轉化為向前邁進的機會。

當輸掉比賽或錯過重要時刻時，喬丹並沒有感到沮喪，而是會徹底「覆盤」當時的賽況，吸取教訓，讓自己變得更好。在這個過程中，他不斷對自己說：「失敗是成功的一部分。如果我不放棄，這段經歷就會使我變得更加偉大。」

這種態度促使他不斷訓練和精進球技，最終贏得了六次ＮＢＡ總冠軍和多次

MVP獎項，證明了自己的價值。

麥可・喬丹成功的祕訣，不僅僅在於他出色的運動能力。面對失敗時的積極心態與克服失敗的毅力，是他讓事業蒸蒸日上最重要的動力。

成功的話語不僅能增加自信，也具有改變行為的力量。心理學家喬治・雷可夫（George Lakoff）說過：「語言塑造了我們的思維，而我們的思維又影響了我們的行為。」積極語言會促使大腦中的多巴胺分泌，從而激發動力、緩解壓力。像是「我做得到」這樣的話語，指的是對未來的期望趨向於變成現實，強化了所謂的「自我應驗預言[9]」（Self-fulfilling Prophecy），因而帶來成功的結果。接下來，來看一些正向的自我應驗預言的案例吧。

9 譯註：又稱自我實現預言、自證預言、比馬龍效應（Pygmalion Effect）。是社會學家莫頓（Merton）於一九四八年提出的一種社會心理學現象。

「太辛苦了。」

↓

「這是我成長的機會。」

「我會失敗。」

↓

「經歷失敗，我會變得更好。」

「我不知道該怎麼辦。」

↓

「只要有時間，我一定要弄清楚。」

「到底為什麼要做這件事？」

↓

「這是實現目標的重要階段。」

「之後再做不行嗎？」

↓

「現在開始執行，會有好成果的。」

「還差得遠。」

↓

「能走到這一步就已經很厲害了。」

「你能做到嗎？」

↓

「你已經做得很好了。」

從今天開始，請多和自己說「我能做到」、「這次挑戰是成功的開始」等話語。

積極語言將是改變人生態度和結果的鑰匙。

成功說服唯一法則：從他人的角度看問題

「這個專案對團隊來說是一個非常重要的機會，我認為我們需要投入更多時間和資源，希望可以得到更多的支持。」

「為什麼你會這麼想？」

「如果觀察競爭對手的數據，會發現他們有類似專案成功的案例。如果我們朝著這個方向努力，就能取得更大的成果。」

這是職場中常見的說服場面。然而，有許多人卻無法成功說服他人。原因很簡單，這是因為說服的邏輯不夠清晰，或是沒有考慮對方的立場。

「邏輯說服」不僅僅是提出自己的主張，關鍵在於：從對方的角度看待問題，

並透過證據和理由自然地讓對方同意。

很多時候，說服之所以失敗，是因為沒有考慮到對方的觀點和脈絡。**如果試圖用對自己有利的論點或是情感說服他人，對方就會產生防衛心理**。舉例來說，「這非常有需要」這句話只強調了請求，並不具有說服力。「如果沒有這個過程，產出的品質可能會非常差。需要這個過程，才能取得更好的結果。」像這樣提出依據，對方就會更容易被說服。

心理學家羅伯特・席爾迪尼（Robert Cialdini）在解釋說服原則時，強調了**證據和脈絡的重要性**。尤其是一致性和社會性證據，是說服過程中的重要因素，提出明確的理由和恰當案例來引起對方共鳴，是非常有必要的。

說服他人的3個要素

「這方式更好。」

↓

「這方式更好，因為可以降低二〇％的成本，並提高一五％的效率。」

說服他人時，要提出具體的依據。使用具體數據和實例佐證自己的論點，會更具有說服力。

「因為需要才這樣做。」

↓

「藉由這個過程，你也可以更好地活用專案成果。」

從對方的角度說話。強調對方會因而得到好處，能使他更容易點頭答應。

「其他團隊也這樣做。」

↓

「在上一個專案，A團隊採用了這種方法，取得了超過三〇%的成效。」

請善用社會證據。如果提出類似案例，對方就會更相信你的論點。

比起道理，說故事更容易引起共鳴

「負責那個專案時，說實話，我真的很迷茫。但隨著我一個接一個地努力完成，結果比預期還要好。最終，整個團隊的成就都獲得了認可。基於這一經驗，我還想再次挑戰。」

這是某知名公司的高階主管在一次演講中的分享。他並沒有用「請給我一個機會」這樣的施壓方式，而是自然而然地利用過去的成功案例，來展現自己的可能性。像這樣講故事的方式，是一種強大的工具，能讓人產生共鳴，大幅提高說服力。

史蒂夫・賈伯斯每次發布新產品時，都會用一個故事來吸引觀眾。

「想像一下，我們把一千首歌放進口袋裡。」

這句話簡單地傳達了iPod的概念，也開啟了人們的想像力，進而使大家不知不覺被說服。

根據腦神經科學的研究，**比起事實，大腦更喜歡故事**。當人們聽故事時，大腦會分泌多巴胺，讓記憶更長久，並在情感上留下更深刻的印象。舉例來說，與其說：「這個產品品質很好。」不如說：「讓我親自告訴您，體驗過的客戶對這個產品有多滿意。」這樣更具有說服力。這是因為故事能夠激發聽者的情感，比邏輯說服更有影響力。

心理學家傑羅姆．布魯納（Jerome Bruner）曾說：「有故事包裝的資訊，比片段的事實要好記二十二倍。」因為這會讓對方產生「我也有可能會那樣」的共鳴。

話中有「故事」的4種方式

敘事也需要策略，才能如己所願。

「我們的產品更好。」

↓

「上次客戶使用這個產品，他們的銷售額增加了三〇%。」

具體的個人案例可以讓對方更有共鳴。

「一定得要這麼做。」

↓

「我們的團隊一開始遇到了一些困難，但用這個方法克服了。我認為這種方法仍然有效。」

當提出一個問題並講述如何解決時，對方更容易被說服。

「這真的是一個非常重要的問題。」

↓

「上次我聽一位客戶說，這個系統幫助他度過了一場重大危機。這不僅只是

單純的工具，更是生存的鑰匙。」

激發對方內心情感也是有效果的。情感連結能創造出強而有力的故事。

「這是一個絕佳的機會。」

↓**「想像這個選擇會為團隊帶來什麼樣的未來——新的市場、更多的客戶、更大的成效。」**

激發對方想像力時，說服力更具加乘作用。

為了更好地運用說故事的方式，選擇能讓對方**產生共鳴**的題材非常重要。舉例來說，在請求資源時，與其說：「我們需要的原因就是這麼單純。」不如說：「去年我們將這些資源投入到類似的專案，最後成功了。」這樣更具有說服力。

另外，**將故事的焦點從說話者轉移到聽者和「共同體」上會更具效果。與其以「我做了什麼……」作為開頭，不如說「我們能獲得的結果……」，效果會更好。**

就算要拒絕，也能展現善意

「您能參與我們這個專案嗎？」

「這聽起來是個好機會。不過，根據我目前的工作安排，可能不太方便。期待下次的合作。」

堅定而溫和的拒絕不會損害雙方關係，對方也能接受。然而，錯誤的拒絕可能會導致衝突和誤解。女演員艾瑪・華森（Emma Watson）在一次採訪中，談到收到太多活動邀約時這樣說道：

「我想讓所有人滿意，但清楚知道這是不可能的事。現在我只想專注於真正重要的事情。」

她堅定地表達了自己的優先事項，同時也體諒並尊重對方。

我們擔心辜負對方的期望會對這段關係產生負面影響，因此猶豫是否要拒絕。心理學將此解釋為對「社會認同需求」。人類本能地渴望被他人認可，而拒絕會威脅到這種欲望。然而，無條件的接納會導致失去個人界限，最終對人際關係產生負面影響。**盲目的接納會導致工作負擔過重、不必要的壓力，以及人際關係的不信任**。

有效拒絕的 4 種方法

「這真是個好機會。」

↓

「感謝您提供的機會，但我這次無法參加。」

開頭就要表達感謝。感謝能展現尊重對方感受的態度。

「我沒辦法做。」

↓

「目前手上有另一個專案正在進行，時間不允許。」

給出一個果斷而簡潔的理由。簡潔的理由可以提升信任，減少不必要的爭論。

「我現在無法處理。」

↓

「我下個月應該有空。到時再談可以嗎？」

在拒絕的同時，也提出一個替代方案，展現自己的善意。

「那絕對不行。」

↓

「這次有點困難。」

避免使用「我不喜歡」這樣直接冷漠的表達方式，換個溫柔的口氣試試看吧。

拒絕別人的有效方法是傳達「我尊重你」的訊息。優柔寡斷的拒絕反而會更混亂茫然，而過於冷淡的拒絕則會使關係惡化。拒絕的關鍵在於——堅定和關心之間保持平衡。

人唯有在覺得自己重要時，才能發展得最好。

第5章

經營好關係，從認同自己開始練習

怎麼向自己喊話，就怎麼看待自己

「我覺得我不適合這份工作。」

「為什麼？別這麼說。」

「我只是覺得自己很沒用。」

我們經常無意中說出貶低自己的話語，這些話會降低自尊感，動搖自信。反之，那些提升自我價值的話語，是重拾自信的強大工具。

每一句話，都像一個我們如何對待自己的訊號。為了培養自尊感，需要檢視每天都對自己說了些什麼話。

自尊感是一種重視自我並相信自身能力的心態。高自尊的人知道自己的價值，即使在充滿挑戰的情況下也不會動搖。反之，低自尊的人容易自我否定，在人際關係和社交生活中遇到困難。

心理學家羅伯特・豪斯（Robert House）將自尊感定義為「對自身價值和能力的信念」，並強調自尊對個人的行為和決定有非常大的影響。自尊感始於對待自己的說話方式。**你與自己的對話方式，會影響你對自己的看法**。

「了解你是誰，你能做什麼，並說出自己的聲音。」

《我知道籠中鳥為何歌唱》（*I Know Why the Caged Bird Sings*）的作者、美國最具影響力的黑人女性之一瑪雅・安吉羅（Maya Angelou），鼓勵了許多人認識自身的價值。她的話語幫助人們提升了自尊，並堂堂正正地向世界講述自己的故事。

心理學家安琪拉・達克沃斯（Angela Duckworth）的研究也強調：「當自信地談論目標時，就離實現目標更近一步。」她提出的「恆毅力」概念說明，毅力和熱情是取得成功的關鍵因素。最終，自信的說話方式和態度，是推動你走向目標的強大動力。

正向自我對話的驚人力量

自尊感與正向自我對話有著很深的關聯。正向自我對話是一種使用積極語言鼓勵自己的方式。舉例來說，像是「我完全能做到」這樣的話語，有助於減少負面的自我認知，並形成積極思維。根據「社會比較理論」，人們傾向於與他人比較，並貶低自己。為了擺脫這樣的比較，我們需要練習用語言表達自己的優點。「我完成了今天計劃要做的事情」，像這樣的話語，可以提升成就感與自尊感。

提升自尊感不單純只是鼓勵，更是愛自己、認同自己價值的行為。**人們對待自己的方式，也會影響人際關係。尊重自己的說話方式，會讓人留下正面積極的印象，並建立信任和尊重**。

每天早晨在鏡子前對自己說：「我是一個非常有價值的人。」一開始可能會覺得有點尷尬，但重複這樣的行為，是提升自尊感的有力起點。用積極語言替代消極語言是一種習慣。如果不斷重複這個習慣，自尊感就會自然而然提升。你的言語定義了自身價值。那你會選擇什麼樣的言語呢？

越說「做得到」，就越可能做得到

「我做不到。」

「為什麼會這麼想？難道連試都不試就要放棄嗎？」

「因為……我總是失敗。」

如果覺得這樣的對話很熟悉，就很有可能陷入了負面的自我暗示思維。不過只要稍加練習，對自己說些積極話語，人生就會有驚人的改變。正向自我暗示，是一種能改變自我的強大內在對話。

自我暗示是透過反覆向自己傳遞正向訊息，來改變潛意識的過程。

正向自我暗示會在心中播下正向的種子。「自我應驗預言」指的是，**當人們堅信自己預測或期待某件事會發生時，其表現出來的行為或態度，就會增加實現的可能性。正向自我暗示正是基於這個原則，能夠幫助我們建立自信，並改變人生方向**。

日本足球選手本田圭佑（Keisuke Honda）從小就會反覆告訴自己：「我要成為世界上最棒的足球選手。」他的自我暗示不僅是決心，而且還轉化為行動，成為實現夢想的動力。

刺激大腦創造出更好的結果

從心理層面來看，正向自我暗示具有強大的效果。**大腦具有接受重複語言並改變行為和情緒的特性**。舉例來說，如果對自己說：「我今天也能做到。」大腦就會活化正向情緒並排解負面壓力。

根據心理學家芭芭拉・佛列德里克森（Barbara Fredrickson）的「拓展—構建

理論」（Broaden-and-build Theory），正向情緒能夠拓展思維和行動範圍，從長遠來看會帶來更好的結果。積極語言和正向情緒能夠開啟大腦，強化創意思考和解決問題的能力。除了減輕壓力之外，還能幫助我們發現新的可能性，並持續成長。

使用積極語言的人，即使處在負面環境，也善於尋找替代方案。**當你說「一定還有其他方法」，而不是「這不可能」時，大腦會探索其他可能的解決方案，並想出更具創造性的解決方法**。這種的態度不僅對個人，對提升團隊生產力與加強協作力同樣有效果。

實際上，在職場使用積極語言的領導者，更能激發員工的內在動力，也更值得員工信賴。一項研究發現，和「你以為這個問題可以解決嗎？」這樣消極的表達方式相比，「我們一起努力，一定可以解決這個問題」這樣充滿信心的表達方式，能讓團隊協作和績效提高四〇％。這說明，積極語言在改變對話節奏和結果方面，具有強大的影響力。

積極語言的力量不僅限於幫助負面情緒轉化為正能量，還能刺激大腦，使大腦運作更活躍，從長遠來看能創造出更好的結果。

從今天開始，將消極語言轉換為積極語言，讓「這是一個新機會」這樣的積極句子，替代「這很困難」這樣的消極句子吧。你的語氣會拓展你的思維，引導你採取更好的行動。

正向自我暗示是取代消極自我對話的強大工具。請把「我做不到」轉換成「我做得到」。一個簡單的轉換，就能徹底改變你的思維和行動。一開始可能會覺得尷尬，但透過不斷反覆練習和實踐，將會感受到語氣和思維逐漸改變。

請在心中種下正向的種子，這些種子將會結出自信和幸福的果實。每天早上對著鏡子和自己說些溫暖的話語，這個小小的行動，會引領你往更好的方向前進。

告訴自己「沒關係」，是認可自己的起點

「為什麼不能做得更好？」

「我已經用盡所有時間和資源，全力以赴了。」

人們總是對自己嚴格要求。當大腦被「應該做得更好」和「應該更完美」的想法支配時，會漸漸變得不懂得安慰及肯定自我。然而，**放下完美主義，告訴自己「沒關係」，是理解和愛自己的起點**。

完美主義是阻礙成長的障礙之一。

「我本來可以做得更好」這樣的話語會摧毀自信，讓自己感到自責。反之，

「當下我已經盡力了」這樣的話語，能幫助你放下完美主義的重擔，接受現實。**與其責怪失敗，不如專注於認可自己努力的過程**。

勇敢接受失敗的說話習慣

自我安慰的話語，不僅能讓內心舒坦，也提供繼續行動的動力。心理學家布芮尼・布朗（Brené Brown）強調，「接納自我」能培養不畏懼失敗的勇氣。與其責怪自己，不如認可並鼓勵自己，反而能帶來更大的成就。

「我們走到今天的這個過程，彌足珍貴。失敗是通往成功的踏腳石。」

伊隆・馬斯克（Elon Musk）在Space X連續三次火箭發射失敗時，遭遇了極大的挫折。然而，他積極的態度最終促使了第四次火箭發射的成功，並幫助Space X發展成為全球性的航空航太公司。

告訴自己「即使不完美也沒關係。」這是一句能解放自己的強力宣言。**每個人

都有極限和缺點。重要的是——接受這些局限性，並承認已盡了最大努力。

為了擺脫完美主義的束縛，必須一點一點地改變自己的心態。與其專注結果，不如讚美過程。**即使結果不如預期，也要鼓勵自己：「我在這個過程學到了很多，下次會更好。」這樣微小的改變會帶來正向的成長**。

對自己說溫暖的話語也很重要。不要有「為什麼我總是不夠好？」這樣的負面想法，而是說「以現有的資源來看，我已經做得夠好了」，這是一種認可自己、更加珍惜自己的方式。

承認自己有限的態度也很重要。與其責怪自己「為什麼做不到」，不如告訴自己：「能做到這程度就很棒了，以後還有更多嘗試的機會。」以積極的觀點看待事情更有益。

別忘了對自己使用親切的語氣。放下「必須完美」的執念，告訴自己「不完美也沒關係，我已經夠好了。」這樣的積極語言會讓人生更加豐富。

最後，必須接納現在的自己，並轉化為期待成長的信念。拋棄「現在不夠好」的想法，鼓勵自己：「能做到這個程度已經很厲害了，下次還有進步的機會。」這種態度會讓人有力量去迎接新的挑戰。

當放下完美主義時，心情會輕鬆許多，也會獲得力量去因應更大的挑戰。從現在開始，請下定決心好好善待自己。變化，總是從微小的事情開始實踐。

接納挫敗的事實，下次一定會更好

「為什麼只有我這麼辛苦？」

「每個人都會經歷這些。一切都會好轉起來的。」

「但還是覺得力不從心……我不知道該怎麼辦。」

每個人都會遇到困難，而這種時刻說出口的話語，會決定是獲得克服困難的力量，還是陷入更深的挫折裡。接受困難，是承認現實並尋找解決方法的起點。不只是承認現狀，而是接受當下的情緒和處境，才能找到更好的應對方法。

「危機是通往機會的大門，失敗是成長的過程。」

世界知名企業家孫正義經歷了無數次失敗和危機，但他都坦然接受並從中學習。他的話語清楚展現了，化困難為機會而非逃避的態度。

根據心理學研究，接受困難的態度能培養**「心理韌性」**。哈佛醫學院的一項研究發現，和逃避困難的人相比，接受困難的人，其壓力荷爾蒙數值較低，解決問題的能力也更強。「雖然情況有點棘手，但我一定能從中學到一些東西」，像這樣的「接受性語言」，能夠強化大腦中的積極神經連結，提升解決問題的能力。

放下完美的執念，讓大腦停止過度反應

人們可以透過「接受性語言」來安慰自己，穩定情緒。「接受性語言」對保持內心平靜和排解壓力發揮了重要作用。

「接受性語言」也能幫助人們找到比逃避更好的應對方法。

心理學家塔拉・布萊克（Tara Brach）的「徹底接納」概念解釋道，接受現實

可以減少痛苦，並成為成長的墊腳石。這對於培養積極應對當前狀況，不逃避或否認的心理力量非常重要。

「今天真不順。下次會更好。」

世界級網球選手小威廉絲（Serena Williams）過去常常在表現結果不如預期時會安慰自己，而不是自責。她在接受失敗現實的同時，將失敗的經驗視為成長的機會。這種接納的態度，成為她在漫長職業生涯中，始終保持巔峰狀態的動力。

根據腦神經科學研究，「接受性語言」可以減輕壓力，並促使自己做出更好的選擇。**當人們使用「接受性語言」的那一刻，大腦中的杏仁核會停止過度反應，前額葉會變得活躍，就能更理性地評估情況。當反覆說著「沒關係，可以從中學習累積經驗」時，大腦就不會那麼容易受到負面情緒的影響，從而提升解決問題的能力。**

「接受性語言」也會為人際關係帶來驚人的改變。

在重視團隊合作的環境中，當有人犯錯時，與其責怪對方：「你為什麼會犯這種錯誤？」不如問對方：「發生了這種事，下次該怎麼做比較好呢？」這有助於讓對方卸下防禦心，將重點放在改進的部分。這不僅能減少衝突，還能強化團隊成員間的信任與合作。

最終，「接受性語言」並非只是接受並合理化現狀，而是邁向更好道路的起點。請在困難時刻告訴自己：

「這一切都會過去，考驗會讓我變得更強大。」

這將幫助你緩解不安和壓力，明確前進的方向。透過「接受性語言」，以新視角看待人生的挑戰和機會，這將成為你改變的力量。

人生的困難無法避免，但可以選擇自己的應對態度。從今天起，請學會使用「接受性語言」吧，這會讓你變得更加強大、更有智慧。

練習感謝自己，放大正向情緒

「今天真的好累。」

「我懂，但多虧有你，今天工作非常順利。」

「我嗎？聽到你這樣說，我又有力量了。」

「感恩」能讓人們以全新的視角看待自己所擁有的一切，並找回日常價值。一句小小的感恩話語，是改變一天，進而提升生活品質的關鍵。感恩是放大正向情緒、緩解壓力、增進人際關係的強大工具。

領導者向團隊表達感恩之情，這不僅只是一種禮儀，而是能在加強組織文化和建立團隊凝聚力方面，發揮重要的作用。舉例來說，想像一下，一間公司的CEO在公司聚餐時對員工說：

「多虧大家各司其職盡自己最大的努力，這也是我們今天齊聚一堂的原因。沒有大家的付出和熱情，我們不可能取得這樣的成就。為此我由衷感謝。」

這樣的話語認可了員工的努力，並明確表示他們的貢獻，與團隊的成功有直接關係。當員工感受到自己被認可時，會對領導者產生信任，進而對組織產生歸屬感。當員工在內心深處產生共鳴時，就能成為促使他們更有動力投入工作的強大催化劑。

在這種情況下，「感恩」能強化員工對領導者的信任感。當員工看到領導者有注意到他們的努力，且提及並感謝時，會更信任領導者。這種信任超越了情感紐帶，為團隊在面臨困難時也能堅定地遵循領導者的指示，奠定了堅實基礎。

「謝謝你又熬過了辛苦的一天」

「今天多虧了你的幫助，專案進行得很順利，謝謝。」

這些話語向對方傳達了「你的貢獻有價值」的資訊，能激勵他們做得更好。

「感恩」也會為人際關係會帶來驚人的變化。在職場上：「非常感謝你接下這個任務，真的幫了我很大的忙。」對方會感受到自己的價值被認可，進而得到非常大的鼓勵；當對朋友說：「非常感謝你聽我說話。」友誼會更加堅固；當對家人說：「謝謝你早上照顧我。」你們的關係會更有溫度。

我們也需要練習向自己表達感恩之情。

請試著在一天結束時，對著鏡子說：「謝謝你又熬過了辛苦的一天。」一開始可能會覺得有點尷尬，但不斷重複這句話，能提升自尊感和生活滿意度。培養感謝自己的習慣，能建立自信和正面的自我認知，也能緩解壓力和不安。

感恩是連結自我與他人，並重新發現人生意義的起點。從今天起，練習對身邊的人和自己說出溫暖的感恩之語吧。

感恩的話語會為生活增添新光彩。感恩始於日常點滴付諸實踐，而其帶來的影響，能正向積極改變我們的人生。

擁抱改變，就是給自己成長的機會

「我被分配了一個新專案。」
「這不是個好機會嗎？試試看！」
「但有點害怕，因為不熟悉。」

改變會使人感到不安。然而，不畏懼改變的說話方式，能將不安轉化為希望，引領我們往更好的方向前進。

改變是人生中不可避免的一部分。如果害怕改變而選擇安於現狀，成長就會受到阻礙，生活也會失去活力。然而，那些接受改變並積極從中尋求機會的人，會取得更大的成就，且感到滿足。

「沒有挑戰，我會鬱悶到活不下去。」

演員尹汝貞以不畏改變的態度，在韓國電影史，乃至世界電影界，都讓人印象深刻。她將自己的人生和事業定義為「挑戰」。她出道即巔峰，卻在婚後隱退；又在經歷離婚危機後重返演藝圈。面對改變，她展現了接受的勇氣和靈活變通的能力。復出後，她打破既定形象，挑戰各種角色，以全新的方式與觀眾見面。

值得一提的是，尹汝貞不受年齡和經歷的束縛，不斷挑戰新作品。她強調：「年齡只是一個數字，演戲是一個不斷學習和成長的過程。」這樣的態度也促使她成為世界級的女演員。最終，她憑藉電影《夢想之地》中精湛的演技，榮獲奧斯卡最佳女配角獎，為韓國女演員在世界電影史上開啟嶄新篇章。她在發表得獎感言時說道：「我討厭競爭。但今天，我很幸運。」

尹汝貞的職業生涯是一個不斷成長的過程，她不畏懼改變，努力抓住新的機會。而她的故事，也帶給猶豫是否要接受挑戰的人很大的啟發。

向大腦發出正向訊號

「這樣的改變讓我變得更強大。」

根據密西根大學的一項研究，**以積極語言接受改變的人，感受的壓力較小，也更能適應變化**。積極語言對實際行為和表現也有正面的影響。

積極語言能幫助人們將改變視為學習和成長的機會。像「這種改變使我成長」這樣的話語，會向大腦發出正向的訊號，鼓勵我們接受新的挑戰。反之，像「我覺得我無法應付這種改變」這樣的話語，反而會造成更大的壓力，使人畏縮不前。

不畏懼改變的說話方式，是引領自己成長的強大工具。「我準備好迎接挑戰了」，這句話能帶來信心和動力。如果害怕面對陌生未知的狀況，那就把恐懼視為成長的證明，繼續前進。

改變是人生的一部分。一句積極的話語可以減少對改變的恐懼，迎接新機會。從今天起告訴自己：「這次改變會讓我變得更好。」敞開心扉，開創更多可能性。

人只有在覺得自己重要時，才能發展得最好

「這次做得真的很好！」
「跟上次比進步了很多。」
「你總是全力以赴，真是太帥氣了。」

真誠的讚美和鼓勵有助於增加信心，使人有更強大的內心力量，迎接更大的挑戰。一句溫暖的話語就能照亮他人，甚至改變他們的人生方向。那麼，你最近有沒有幫他人加油打氣呢？

鼓勵的話語能讓人發現自身優點，開啟可能性，以及提升信心，帶來正向的改

變。舉例來說，與其說「辛苦了」，不如說「多虧你的創意性想法，這個專案才能獲得不錯的成果。」透過這樣的具體稱讚，讓對方知道自己的貢獻。

相互支持時，成長得最多最快

美國前總統約翰．甘迺迪（John F. Kennedy）曾說過：「我們選擇困難的事情，因為它能為我們開啟更大的可能性。」他向美國人民灌輸了挑戰的價值。他的話語不僅是單純地提出目標，更是激發了希望和信心。

馬丁．路德．金恩（Martin Luther King）的演講也是鼓舞人心的話語典範。即使在困境中，他也透過「我們能夠共同實現」這句話，給予人們勇氣和希望。他的話語強而有力，引領人們走向改變。

「I Have a Dream」（我有一個夢想）。

心理學家阿爾弗雷德．阿德勒（Alfred Adler）曾說：**「人唯有在覺得自己重**

要時，才能發展得最好。」

激勵人心的說話方式主要有三種：**具體而真誠的表達、揭示未來可能性的表達、激發正向情緒的表達**。

「你做得很好。」

↓

「你這次的想法很有創意。」

「這次失敗了。」

↓

「這次經驗是下次成功最大的資產。」

「不累嗎？」

↓

「到目前為止做得很好。有什麼我可以幫忙的嗎？」

從今天起，請試著發掘周圍人的優點並讚美，用真誠的鼓勵，讓對方的每一天更加耀眼。你的一句溫暖話語，就是改變他人人生的開始。

放過自己，從錯誤中找到意義更重要

「我到底為什麼要那樣做？真的太蠢了。」

「那時候別無選擇呀。每個人都會犯錯。」

每個人都會犯錯。然而，有許多人卻總是放大自己的錯誤，陷入自責之中。電影導演奉俊昊曾在得獎感言中說過：「電影製作就是一連串無止盡的錯誤。而正是這些錯誤的積累，才造就了今天的我。」

正如他所言，錯誤可以成為成長和創造力的基礎。**重要的是，面對錯誤的態度和說話方式**。

3 個糾正錯誤的說話習慣

心理學家亞伯・艾里斯（Albert Ellis）的「理情行為療法」（Rational Emotive Behavior Therapy，REBT）解釋了我們為什麼無法接受錯誤。根據此理論，人們有很多時候會基於「非理性信念」來評價自我，進而陷入不必要的壓力和自責之中。「我犯了錯，我是一個失敗者」，這是一種非理性且極端的想法，會加劇不安和挫折感。

假設有位上班族在一次重要的簡報中出了差錯，因此責怪自己：「因為這次簡報，同事一定不會再信任我了。我怎麼連這種事都做不好？」這種想法很容易讓人因一次錯誤，就全盤否定自己的價值和能力。這會導致自信心下降，並陷入自責和挫折感的負面循環中。

此理論提出了改變這種心態的方法：將錯誤視為成長和學習的機會，而不是衡量一個人的身分或價值的標準。

「我在這次發表出了差錯，但這讓我知道哪些地方需要改進。」

這樣的說話方式有助於減輕心理負擔，將錯誤視為成長的墊腳石。艾里斯的理論鼓勵我們接納錯誤，將「非理性信念」轉化成現實且均衡的觀點。

有時，社會觀點會讓我們難以接受錯誤。在以結果為導向的文化中，人們傾向將錯誤視為缺陷，無形中加深了自責感。然而，**將錯誤視為一個學習過程時，就能更客觀地看待自己的價值。**

「我為什麼這麼差勁？」

↓ **「這次經驗讓我知道還需要學習什麼。」**

承認錯誤並將其轉化為學習工具，可以減輕壓力，提升自信心。

「我是個失敗者。」

↓ **「我有過這樣的經歷，所以下次會做得更好。」**

符合現實且正向積極的態度，有助於減少「非理性信念」。

「我出錯，把一切都搞砸了。」

↓「不完美也沒關係，我還在成長。」

將重點放在成長的過程，而不是追求完美，可以幫助你找回內心平靜。

犯錯時，請問問自己：「這是非理性的想法嗎？」意識到「非理性信念」會如何引發負面情緒，就已經很有幫助。請將錯誤轉化為學習工具，問問自己：「我從中學到了什麼？」舉例來說，如果在重要的發表中出了差錯，就可以設定一個現實化的目標，像是：「下次資料要更加充分準備。」

不要吝惜給予自己溫暖的鼓勵，與其追求完美，不如將穩定成長作為目標。「在那種情況下我已經盡力了，下次會做得更好。」這樣安慰自我的話語，會讓我們不因犯錯而畏縮不前。

比昨天的自己更進步一點，就足夠了

「那個人一路往前直行，為什麼我還在原地踏步？」

「你也做得很好啊，就按照自己的節奏。」

當許多人拿別人的標準來衡量自己時，會感到不安和焦慮。然而，**比較會讓人灰心喪氣，看不清自己的價值**。演員全度妍（又譯全道嫣）在一次採訪中說道：「如果要和其他演員比較，會沒完沒了，所以我只和自己較量。只要有比昨天的自己進步一點，就足夠了。」

她的話語展現了，以自己為標準，而不是與他人比較的重要性。

3 種不比較的說話習慣

比較是人類的本能。根據前面所提及的「社會比較理論」，人們會透過與他人比較，來確認自己的地位。尤其是社群媒體等平台，更是助長了比較的心態。當看見別人在網路上所展現的成功及光鮮亮麗的形象時，往往會覺得自己比實際上更渺小，進而產生自卑感。

聽說朋友買了一輛新車，「為什麼我買不起那樣的東西？」這樣想有什麼好處嗎？這是透過無意義的比較來評價自己的結果。這樣的比較會降低自尊感，讓生活滿意度也顯著下降。那麼，不比較的說話習慣有哪些呢？

「為什麼我不如他？」

↓

「我只需要比昨天的自己進步一點就可以。」

與自己比較能提高成就感，並獲得正能量。

「他為什麼能做得這麼好？」

↓

「他有保持自己的步調。我只需要在自己的道路努力就好了。」

承認他人並鼓勵自己的言語，可以改善關係、找回內心平靜。

「我到底在做什麼？」

↓

「我正在朝著自己設定的目標邁進。」

設定具體的目標並用言語表達，能強化內在動機。

要練習不與他人比較的說話方式，必須先肯定自己的步調和目標。同期入職的同事晉升速度比你快時，與其說：「為什麼只有我這麼慢？」不如鼓勵自己：「我也在按照自己的節奏前進。」這有助於提升自尊感，讓你專注於自己的道路。

認可小成就的說話方式也很重要。與其想：「我還差得遠呢！」不如說：「我目前取得的成就真是太棒了。」這樣的話語能讓你擺脫比較的束縛，走自己的路。

盡力做到最好，但不要苛求完美

「這次一定要完美，絕對不能失敗。」

「這樣想的話心理會很有負擔吧。就盡力而為。」

我們經常會對自己寄予高度期待，使心靈逐漸失去了餘裕。然而，**設定符合現實的期望值，並用話語鼓勵自己，可以減輕心理負擔，帶來更好的結果**。調整期望值不僅是為了讓自己舒心，也是尊重自己，為持續成長奠定基礎。

專注於過程而不是結果，在調整期望方面發揮了重要作用。「如果又失敗該怎麼辦？」這樣的想法會讓人感到焦慮不安；「從這次經驗中得到的學習和成長更為重要」，這樣的話語可以減少對失敗的恐懼。**專注於過程，會讓實現目標的「旅程」變得更輕鬆**。

你不需要讓所有人都滿意

如果在重要簡報強迫自己「不能出錯，一切都要完美」，這會讓大腦處在高度緊張的狀態，自己的表現也會受到影響。反之，如果對自己說：「我已經做好萬全準備，一定可以表現得很好。」大腦就會放鬆，更客觀處理事情。這不是降低期望值，而是一種減少認知負荷，取得更好表現的策略。那麼，如何在期望和現實之間取得平衡呢？

「我一定要成功」

↓

「我盡力而為。」

強調做到最好而不是追求完美。設定實際的目標，是實現目標的第一步。

「如果失敗了怎麼辦？」

↓

「我能從這次經驗中學到什麼？」

專注於過程而不是結果。注重過程可以減少對失敗的恐懼，並樂於享受挑戰。

從今天起，請試著練習說「我會盡力而為」，而不是「我要讓所有人滿意」。

這將有助於減輕身上的重擔，並創造更好的結果。

0HDC0140

一開口，就讓人有好感

成熟大人都重視的 50 個表達細節

호감 가는 사람은 말투가 다르다

作　　者：朴根一（Park Keun-Il）
譯　　者：蕭瑋婷
責任編輯：林宥彤
封面設計：FE DESIGN
內頁排版：王信中

總 編 輯：林麗文
副 總 編：蕭歆儀、賴秉薇
主　　編：高佩琳、林宥彤、韓良慧
執行編輯：林靜莉
行銷總監：祝子慧
行銷經理：林彥伶

出　　版：幸福文化出版社
地　　址：新北市新店區民權路 108-1 號 8 樓
粉 絲 團：https://www.facebook.com/happinessbookrep/
電　　話：（02）2218-1417
傳　　真：（02）2218-8057

發　　行：遠足文化事業股份有限公司（讀書共和國集團）
地　　址：231 新北市新店區民權路 108-2 號 9 樓
電　　話：（02）2218-1417
傳　　真：（02）2218-1142
電　　郵：service@bookrep.com.tw
郵撥帳號：19504465
客服電話：0800-221-029
網　　址：www.bookrep.com.tw

法律顧問：華洋法律事務所蘇文生律師
印　　刷：呈靖彩藝有限公司

初版一刷：2025 年 9 月
定　　價：380 元

國家圖書館出版品預行編目資料

一開口，就讓人有好感：成熟大人都重視的50個表達細節／朴根一著；蕭瑋婷譯. -- 初版. -- 新北市：幸福文化出版社出版：遠足文化事業股份有限公司發行，2025.09
面；　公分
譯自：호감 가는 사람은 말투가 다르다
ISBN 978-626-7680-65-0（平裝）
1. CST：說話藝術　2. CST：溝通技巧
3. CST：人際關係
192.32　　114009780

BOOK REPUBLIC
讀書共和國出版集團

幸福文化

幸福文化